PAOLA CAPRIOLO
LA GRANDE EULALIA

Feltrinelli

Prima edizione ne "I Narratori" gennaio 1988
Prima edizione nell'"Universale Economica" marzo 1990
Quinta edizione febbraio 1994

ISBN 88-07-81116-2

a Paolo

LA GRANDE EULALIA

Vi racconterò ogni cosa, esattamente come si svolse, a cominciare dalla sera in cui la vidi per la prima volta.

Si accostò ai nostri carri, mentre dicevamo le parti raccolti intorno al fuoco, ed era una ragazza come se ne trovano in tutti i paesi, timida, né brutta né bella. Non ricordo che nome portasse, ma certo era diverso da quello, noto a ciascuno, che in seguito assunse.

Vestiva da contadina, e si avvicinava esitante. I suoi occhi si posavano sui costumi di noi attrici, adorni di trine e di ricami, sulle parrucche alte, simili a quelle delle dame. Si posavano sugli arredi di scena, sui fondali dipinti che giacevano ammucchiati davanti a uno dei carri, e i riflessi mobili della fiamma vi scoprivano un intrico di rami, o il marmo di un verone, o il pallido disco della luna sulle acque di un lago, scure e profonde. Si posavano sugli strumenti che usavamo nelle recite per far meglio apparire l'accento delle passioni: legno lucido, ottone splendente, pelle d'asino tesa sulla cassa del tamburo incoronata di chiodi.

Su ogni cosa si posavano gli occhi della giovane contadina, e ogni cosa contemplavano con uguale stupore. Muoveva il piede con cautela, come se a ciascun passo temesse di veder svanire tutte quelle meraviglie e ritrovarsi sola nella notte senza incanti della campagna.

Fui io, ricordo, a parlarle per prima. — Chi sei, ragazza?

Cosa vuoi? — Così le dissi, pressappoco, e risi nel vederla piegare a terra il ginocchio e chinare il capo, intimidita dagli stracci dorati che ancora indossavo, poiché quella sera, al villaggio, avevo recitato una parte di regina.

E risero anche i miei compagni, il vecchio capocomico, la coppia degli innamorati e quella dei servi. Solo il musico non rise, che fra noi era il più giovane, e aveva mani delicate e cuore gentile. Andò incontro alla ragazza, le offrì il braccio e la condusse accanto al fuoco.

Lei sedette, con gli occhi fissi a terra. Le pose, i gesti erano privi di grazia, ma c'era qualcosa di commovente nel modo come stava seduta, senza dire parola, le guance rosse per l'emozione. Sembrava una supplice alla corte di qualche potente.

— Cosa c'è, bambina? — chiesi di nuovo. — Perché sei venuta?

— Signora — rispose lei — ho visto le loro eccellenze questa sera, nella piazza del villaggio. I miei fratelli non volevano, dicono che non sta bene per una ragazza restare fuori casa dopo il tramonto...

— Hai disobbedito ai tuoi fratelli?

— Ah, signora, e come potevo obbedire? Da che sono al mondo, non avevo mai visto niente di così bello. La musica, e le luci, e queste vesti che portate... Tutto era così diverso, e anche voi siete gente diversa, dei prìncipi, dei sovrani. Perciò sono venuta.

— Per dirci queste cose?

— No, signora, se permettete. Sono venuta a chiedervi di portarmi con voi.

Ci guardammo perplessi. Il capocomico accostò agli occhi le lenti che teneva appese al collo, e squadrò la figura della ragazza. — Non ha certo il fisico della prima attrice, e nemmeno la voce. Di servette ne abbiamo già una... Dimmi tu, ragazza: che cosa sai fare?

— Che cosa so fare? — ripeté lei senza capire. Mi rivolse uno sguardo supplichevole, in cerca d'aiuto.

— Sai cantare? Sai ballare? Suoni qualche strumento?

Divenne ancora più rossa, e si mise a ridere. — No, no, i

signori non mi hanno intesa. Non pretendo di salire anch'io là sopra, in mezzo a tutte quelle luci. Mi piacerebbe tanto, ma so che non è per me.

— E dunque?

— Io pensavo... Se qualcuna delle signore, magari, avesse bisogno di una cameriera...

I miei compagni, di nuovo, scoppiarono a ridere.

— Torna a casa — disse il capocomico. — Le signore qui presenti sono abituate a fare da sole.

La ragazza aveva le lacrime agli occhi. — Ma io pensavo... Tutti quei vestiti, quelle parrucche, ci vorrà pure qualcuno per tenerli in ordine. E io mi accontento di poco, non voglio denaro. Mi basta un piatto di minestra, e poter venire con voi, e guardarvi ogni sera mentre recitate.

Disse così, col pianto nella voce. Allora parlai io, e non so ancora se feci bene. Se avessi taciuto, sarebbe tornata a casa dai suoi fratelli. Le avrebbero dato marito, certo un altro contadino, e da lui avrebbe avuto dei figli. Li avrebbe allevati, e ora li vedrebbe sposarsi a loro volta, e generare altri figli. Oppure giacerebbe accanto ai suoi, nel cimitero del villaggio. Davvero, signori, io non so se sia questo il modo migliore di passare il tempo fra il principio e la fine, tessendo una maglia nella rete delle generazioni, oppure il nostro, di noi devoti dell'apparenza, che viviamo mille vite e mille volte moriamo, o forse un altro ancora, che non conosco e non riesco a immaginare. Ma torniamo alla nostra storia.

Mi alzai in mezzo ai compagni, e accostandomi alla fanciulla dissi quelle che allora mi parvero le parole migliori.

— Da che morì il capitano, nel mio carro c'è un letto vuoto. Mi farebbe comodo avere qualcuno che tenesse in ordine i miei costumi.

Lei mi guardò con gratitudine. Ma c'era fra noi una giovane che faceva le parti d'innamorata: era d'indole capricciosa, e ancora nell'età in cui la vita gira rapida e senza sforzo su se stessa come una ruota ben oliata, e non lascia il tempo di conoscere il dolore proprio né di compatire l'altrui.

Si alzò dunque, l'innamorata, in mezzo ai compagni, e mi si pose di fronte, e disse con voce tagliente: — A furia di far la regina sulla scena, questa vecchia si crede davvero una gran dama. Noi tutte ci arrangiamo da sole, ci caviamo gli occhi per rammendare i costumi, e presto, dal lavare che faccio, avrò le mani gonfie come una serva. Ma non mi sono mai lamentata, perché so che così è la nostra sorte: in scena, alla luce delle torce, siamo tutte nobildonne, ma il sole, quando spunta, si porta via la nostra nobiltà. So che è così, e non mi lamento. Se però adesso vien fuori che Sua Maestà ha bisogno della cameriera, e che per fare il suo comodo dobbiamo dividere il poco che abbiamo con questa villana...

La ragazza, a quelle parole, aveva lasciato il suo posto, e già stava per andarsene, tutta spaventata. Ma io intervenni di nuovo.

— Possiedo una spilla — dissi — dono di un principe. È uno smeraldo perfetto, montato su un castone d'argento. La tengo in uno scrigno, fra i ricordi della giovinezza, ma di giorno è troppo preziosa per una mia pari, e di notte, alla luce delle torce, il suo splendore si offusca, e se la si confronta con i nostri gioielli di vetro colorato appare opaca, come a volte la vita quando ci si sveglia da un sogno. Venderò dunque la spilla, appena giungeremo in città, e ne avrò tanto da sfamare per sempre non una, ma dieci cameriere.

Lei corse a inginocchiarsi ai miei piedi, e mi baciò l'orlo della veste, come se fossi stata davvero una regina. Forse era per questo che avevo compiuto quel gesto generoso, per vanità, forse, per il piacere di decidere il destino di un altro essere. Per assaporare una volta, fuori scena, la clemenza orgogliosa dei potenti.

Ma allora non seppi leggere così a fondo nel mio cuore, e ancor meno lo poteva la ragazza. Si stringeva a me, sconvolta dalla sua gioia, timorosa che qualcuno gliela strappasse.

Io le accarezzavo i capelli. Non erano brutti, pensai, solo maltenuti. Tante cose, del suo aspetto, si potevano migliorare, e forse già speravo di veder rivivere in lei lo splendore della mia gioventù.

Ma quando, alcuni giorni dopo, le offrii uno dei miei vestiti, rifiutò. — A voi sta bene, signora, perché siete bella. Ma io farei soltanto ridere, con quella veste da regina.

E per anni mi seguì, in giro per il mondo. Dormiva nel mio carro e aggiustava i miei costumi, ma per sé non volle mai altro che l'abito da contadina con cui era venuta. Lo lavava di notte, e lo stendeva ad asciugare all'aperto. Poi, prima che spuntasse l'alba, sgusciava fuori a riprenderlo, avvolta in un lenzuolo.

Vagavamo da un paese all'altro, e spesso cambiammo compagnia, sicché perdemmo presto di vista la giovane capricciosa, e il vecchio capocomico, e tutti gli altri che quella prima sera erano seduti con noi intorno al fuoco.

Uno soltanto non ci lasciò mai, degli antichi compagni: il musico dalle mani delicate e dal cuore gentile. La sera, davanti al carro, faceva udire alla mia cameriera la voce dei diversi strumenti. Lei ascoltava affascinata, ma quando il giovane la invitava a suonare ella stessa, o le chiedeva di cantare, rispondeva con una risata timida e tornava a occuparsi delle sue faccende.

Ero io, ogni volta, a intercedere presso il capocomico perché concedesse una scrittura al nostro amico; quando non ci riuscivo dividevo con lui la mia paga. Mangiava insieme con noi, e la notte gli preparavamo un giaciglio fuori, davanti alla porta.

Spesso il sonno gli si negava, e per passare il tempo suonava il flauto. Soffiava adagio, per non svegliare nessuno, e le sue melodie erano lievi come il respiro, ma la ragazza, dal suo letto, tendeva l'orecchio, e restava sveglia per ore ad ascoltare quei fantasmi di note, che affioravano appena dal silenzio.

Così vivevamo. I giorni si avvicendavano sereni, e le notti senza affanni. Bastava che la ragazza stendesse sul tavolo la tovaglia di lino, che il musico accennasse un motivo con il suo strumento, perché ci sentissimo a casa in qualsiasi luogo, per quanto remoto.

Così vivevamo, finché ebbe inizio una catena di avvenimenti che doveva mutare i nostri destini.

Incominciò una mattina, alle prime luci dell'alba. Sentii una mano scuotermi la spalla, e mi destai di soprassalto.

Era la mia protetta, avvolta nel lenzuolo, la cesta dei panni sotto il braccio.

— Signora — disse. Così mi aveva chiamata la prima sera, e così continuò sempre a chiamarmi, anche quando divenne quella che voi avete conosciuto. — Signora, accade qualcosa di strano.

Mi levai a sedere sul letto. — Dev'essere strano davvero, se mi hai svegliata a quest'ora. Racconta.

— Poco fa — disse lei — sono uscita, come al solito, a prendere i panni. Voi sapete che il carro del primo attore ha l'ingresso rivolto da questa parte.

— Allora?

— Ho visto una donna, signora. Una donna giovane, una contadina. È scesa dal carro e si è avviata verso il villaggio.

Sorrisi, e le accarezzai una guancia. — Tutto qui?

— Ma signora, quella non era casa sua. E allora mi sono detta: se non è casa sua, che ci faceva là dentro? Forse è una ladra, forse è venuta per rubare...

— Torna a dormire, bambina, non pensarci più.

— Non è meglio dare l'allarme?

— Torna a dormire — ripetei.

Lei non sembrava convinta, ma obbedì.

Il giorno che seguì si svolse come tutti gli altri, e non parlammo più dell'accaduto. Finsi di non notare l'inquietudine della mia cameriera, e quando, prima dello spettacolo, trovai il costume in disordine, non ebbi cuore di rimproverarla. La sua ingenua apprensione me la rendeva ancora più cara.

Accomodai il vestito alla meglio, e mi avviai verso il villaggio insieme con gli altri attori. Lei sarebbe venuta più tardi, accompagnata dal musico, in tempo per l'inizio della recita.

E infatti vennero, come ogni sera. Le fiaccole concentravano la luce sulla scena, e la piazza del villaggio, gremita di gente, mi appariva di lassù una distesa di tenebre agitata da un brulicare vago e indistinto, in cui non riuscivo a discernere i loro volti. Ma sapevo che c'erano, e come sempre recitavo per loro la mia parte. Soprattutto per loro.

Mi raggiunsero alla fine della recita, e ci avviammo insieme verso i carri, senza aspettare gli altri. Lo spettacolo aveva avuto successo, e adesso ero con i miei amici, e tutto questo mi colmava il cuore di gioia, tanto che mi misi a cantare. La mia voce si era mantenuta bella, e tale si mantiene ancora, e così cantavo, per le strade del villaggio e poi lungo i sentieri che ci conducevano attraverso i prati, e il musico batteva il tempo con le mani, mentre la ragazza, come sempre, taceva.

Quando fummo in vista dei carri le mani del giovane si fermarono a mezz'aria, e il canto mi morì nella gola.

Le fiamme di un incendio si levavano alte dall'accampamento. Le assi di legno rovinavano al suolo una per una, e il fuoco, lentamente, consumava ogni cosa.

Restammo a lungo a guardare, immobili, come affascinati.

L'incendio divorava il carro che era stato la nostra casa, e il mio pensiero andava alle tante memorie che vi erano custodite e che ora mi venivano sottratte per sempre, all'improvviso.

Le ultime braci si andavano spegnendo, e dai resti dei carri si levava una nube scura di fumo. Contemplammo quella traccia caduca finché il vento la disperse del tutto, e neppure ci accorgemmo dell'arrivo dei nostri compagni, che si agitavano frenetici intorno a noi, chi urlando maledizioni e chi piangendo.

Ci disponemmo a passare la notte all'addiaccio, noi tre insieme, discosti dagli altri. Solo dopo molto tempo, e con fatica, avevamo ripreso a parlare.

Guardavo tristemente la ragazza, che sedeva accanto al musico avvolta nel mio manto regale. Le spalle erano scosse da tremiti, e gli occhi lacrimavano, non so se a causa del dolore o per l'acre pulviscolo di cui l'aria era ancora impregnata.

— Bambina — mormorai — da che ti ho conosciuta mi sono sempre augurata di non dover pronunciare le parole che ora ti dirò, e lo faccio, credi, col cuore pesante.

"Per tenerti con me vendetti la mia spilla, e certo il denaro che ne ricavai ci avrebbe consentito di restare insieme ancora a lungo, ma adesso basterà appena per comprare un nuovo carro. Quindi non posso più provvedere a te."

Ora piangeva davvero. Mi avvicinai, e le cinsi le spalle con un braccio. — Torna a casa, dai tuoi fratelli. Sono certa che ti perdoneranno. Riprenderai l'esistenza di prima, e a poco a poco dimenticherai questi anni trascorsi con me, o se li ricorderai ti parranno estranei, lontani, come se a viverli fosse stata un'altra.

— Non voglio dimenticare — disse lei fra i singhiozzi. — Non voglio tornare dai miei fratelli. Voglio stare con voi, e vedervi recitare tutte le sere, e ogni notte addormentarmi ascoltando il suono del flauto.

— Non c'è altro da fare — risposi. — E anche il nostro amico, ora che ha perduto i suoi strumenti, dovrà andarsene altrove a cercare fortuna.

Il musico non parlava. Sembrava a tal punto immerso nei propri pensieri da non udire nulla di quanto dicevamo, e non si accorgeva neppure del dolore della nostra compagna, o almeno non fece nulla per consolarla.

Il sonno, quella notte, tardava a venire, ma infine lei ed io ci addormentammo, stanche di piangere, strette l'una all'altra.

All'alba mi destai e mi guardai attorno in cerca del musico, ma non riuscivo a vederlo.

Mi alzai lentamente, per non svegliare la ragazza.

Gli attori dormivano ancora, in un lembo di prato accanto ai resti dell'incendio. Mi avvicinai a loro. Con delicatezza scostavo la coperta di fortuna sotto cui ciascuno aveva trovato riparo dal gelo, chi avvolto nello spesso velluto del sipario, chi sepolto sotto un mucchio di costumi. Dormivano tutti un sonno agitato, guardingo, le mani serrate a pugno sui pochi stracci che avevano riportato dal villaggio, scampati alla furia del fuoco.

Ma del musico non v'era traccia, e cercandolo mi allontanai e mi trovai a vagare fra le ceneri dell'accampamento.

Gli scheletri dei carri, anneriti dal fumo, si levavano in mezzo a quella desolazione. Riconobbi il mio, e mi chinai a frugare tra i resti per vedere se il fuoco avesse risparmiato qualcosa. O forse volevo semplicemente inginocchiarmi su quella cenere, immergervi le mani, bagnarla di lacrime. Presi a lamentarmi con quella voce infantile che a volte ritroviamo d'istinto nei momenti più dolorosi.

Quando smisi di piangere, mi accorsi che sulla cenere vi erano strani segni, che parevano caratteri tracciati dalla mano di un uomo.

Guardai meglio, e riconobbi la calligrafia del musico.

"Se entro una settimana non sarò tornato, ciascuno andrà per la sua strada. Ma intanto aspettatemi al villaggio."

E dopo una settimana tornò.

Avevo preso alloggio, con la mia compagna, nella locanda del paese, in una stanza che dava sul cortile.

Vi trascorremmo sei giorni, e il mattino del settimo fummo destate da uno scalpitare di zoccoli e da un cigolio di ruote.

Ci alzammo dal letto incuriosite, e ci affacciammo alla finestra. Sei cavalli neri, dai finimenti variopinti, stavano entrando nel cortile, e trainavano un grande carro ornato di stucchi dorati. A cassetta sedeva il nostro musico, con una frusta in mano.

La ragazza era fuori di sé dalla gioia. — Guardate, signora, abbiamo di nuovo una casa!

S'infilò rapida la veste e si precipitò fuori della stanza, senza nemmeno aspettarmi.

Quando scesi nel cortile la trovai che girava intorno al carro, il viso animato da una gioia timida, puerile. Accarezzava il manto lucido dei cavalli, giocava con le piume dei pennacchi, sfiorava le dorature con la punta delle dita, appena appena, come se temesse di scalfirle. E nel suo sguardo c'era la stessa meraviglia della prima sera, quando era giunta all'accampamento.

Ogni tanto correva dal giovane, e lo stringeva a sé con tutte le forze, e lo baciava su entrambe le guance.

Presto anch'io mi lasciai contagiare dalla sua allegria. Eppure alla prima occhiata, quando ancora stavamo alla finestra, l'apparizione del carro aveva suscitato in me un'impressione sinistra, quasi fossi già stata a conoscenza di ciò che in esso si celava, e ne avessi intuito, già allora, la natura funesta. O forse così mi sembra adesso, quando il male è ormai accaduto e la sua luce si riverbera sul passato, persuadendomi di aver sempre saputo ciò che invece ignoravo.

Chiesi al musico come si fosse procurato quel carro tanto sontuoso. Le sue risposte furono vaghe: disse che era appartenuto a una celebre attrice, morta da poco, ma non ne ricordava più il nome. E quando gli domandai con quale denaro lo avesse pagato, piegò le labbra in uno strano sorriso.

— Di questo non datevi pensiero — rispose. Aprì la porta del carro e con un inchino ci invitò ad entrare.

Ci trovammo in un grande salotto tappezzato di seta. Le forme sinuose dei divani si allungavano sul pavimento, coperto di un ricco tappeto, e le tende di broccato che schermavano le finestre trasformavano in penombra la luce cruda del mattino. Tavoli di mogano intarsiato, candelabri d'argento, dipinti di fattura squisita, tutto questo, e altro ancora, trovammo nella stanza, e non ci capacitavamo che tante bellezze potessero trovar posto in un carro. Era come se all'interno lo spazio si dilatasse a dismisura.

Altre camere, più piccole, si aprivano su due lati del salotto. Il musico ce le mostrava una per una, elencando meticolosamente gli arredi preziosi che contenevano, e io non sapevo decidere quale fosse la più bella.

Quella visita dettagliata finì per spazientire la ragazza, che a un certo punto corse avanti da sola; la vedevamo entrare e uscire dalle stanze, senza mai fermarsi.

Ma quando giungemmo nell'ultima la trovammo seduta su un grande letto a baldacchino, circondato ai lati da ampie cortine.

Uno specchio correva lungo le pareti della stanza, coprendole interamente, e lo sguardo della ragazza si smarriva estasiato in quel labirinto di immagini.

Stabilimmo che sarebbe stata la sua camera.

E così riprendemmo la nostra vita di girovaghi, da un paese all'altro, sul nuovo carro, e all'inizio, salvo il lusso che ci circondava, mi pareva che ogni cosa fosse tornata com'era prima dell'incendio.

Solo dopo qualche tempo mi accorsi che l'atteggiamento della ragazza era stranamente mutato.

Non usciva quasi mai dalla stanza degli specchi, e ne diventava ogni giorno più gelosa, al punto che finì per vietarcene l'accesso. Non apertamente, certo, però trovava sempre un pretesto per non farci entrare. Io mi chiedevo cosa mai proteggesse con tanta cura, se un segreto che non riuscivo a indovinare, o semplicemente la sua solitudine.

Non veniva più a vedermi recitare. La sera, dopo lo spettacolo, il musico e io tornavamo al carro soli, e lei ci mandava un saluto distratto da dietro la porta. Trascurava persino di prendersi cura dei miei costumi, e le rare volte che stava con noi aveva un'aria assente, e quasi non diceva parola.

Così si comportano le donne quando sono innamorate, e talvolta anche gli uomini. Ma la nostra amica non si allontanava mai dal carro, e non conosceva altri che noi.

Quanto al musico, non lo degnava di uno sguardo, benché ogni notte, quando lui suonava il flauto, socchiudesse come un tempo i battenti della finestra, per ascoltare.

Quel cambiamento mi rattristava, ma dapprima pensai che si trattasse di una cosa passeggera, di un temporaneo desiderio di isolamento dopo tanti anni di vita in comune. Mi illudevo che presto si sarebbe placato e la ragazza sarebbe tornata a noi, tenera e affettuosa come prima.

Non fu così. I mesi si succedevano, mutavano i luoghi e i compagni, ma il suo contegno non cambiava. Lo strano fascino che la stanza degli specchi esercitava su di lei non perdeva la sua forza, anzi, sembrava farsi ogni giorno più intenso ed esclusivo.

Infine decisi di entrare in quella camera. Non so neppure io cosa sperassi di scoprirvi, ma ero certa che se quanto stava accadendo alla mia compagna aveva una spiegazione, doveva trovarsi là dentro, fra quelle pareti di cristallo che si rimandavano a vicenda la propria immagine.

Un pomeriggio, non ricordo con quale scusa, la mandai al villaggio con il musico, e appena sola entrai nella sua stanza.

Tutto era come quella mattina nel cortile della locanda, e come allora il gioco infinito degli specchi mi diede un senso di vertigine.

Mi guardai intorno. Sparse qua e là c'erano le poche cose che ella possedeva; il grembiule appeso a una colonna del letto, il pettine rozzo, di legno, sopra il piano di marmo del comodino, sembravano ancora più poveri in mezzo a quel lusso.

Cominciai a perlustrare la stanza, minuziosamente.

Frugai i cassetti, aprii le ante dell'armadio, mi chinai persino a guardare sotto il letto, ma non vidi nulla di insolito.

Stavo ancora cercando, quando udii aprirsi la porta della camera. Mi volsi di scatto, e mi trovai davanti la ragazza.

Rimase immobile sulla soglia, incerta se entrare o fuggire, e nei suoi occhi, fissi su di me, vi era uno sguardo ansioso, una luce irrequieta.

— L'avete visto? — chiese infine.

— Di che parli? Cosa dovrei aver visto?

— L'uomo che vive negli specchi.

Poiché, sconcertata da quelle parole, non rispondevo, mi venne incontro e mi prese la mano. La teneva stretta fra le sue, e disse rapidamente, come se temesse di essere interrotta: — Ah, vi prego, signora, non cacciatelo via. Vi prego, lasciate che rimanga. È così bello, così perfetto, che morirei se non potessi più guardarlo.

Mi sforzai di calmarla. — Io ti voglio bene, lo sai, e non farò nulla che ti renda infelice. Se sono entrata qui, è stato solo per cercare il modo di aiutarti. Ma bisogna che tu mi racconti ogni cosa, che mi dica chi è l'uomo di cui parli.

— Dunque non lo avete visto?

Scossi il capo. Il suo volto si illuminò di gioia. — Allora è per me che viene, soltanto per me. L'avevo pensato, ma non osavo crederci.

— Chi viene, bambina? Come si chiama?

— Non lo so, signora. Non apre mai bocca, e non mi degna di uno sguardo. Se ne sta là, per conto suo, dentro gli specchi, e io lo guardo passeggiare da una stanza all'altra, e basta questo a farmi contenta. Non c'è altro, signora, ve lo giuro.

Fu la prima volta che mi arrabbiai con la ragazza. Mi parve che si prendesse gioco di me, con quella storia assurda, incomprensibile, certo escogitata sul momento per nascondere chissà quale segreto.

Lasciai la stanza senza dire una parola, ma lei mi corse dietro, e si aggrappò al mio braccio. Sembrava disperata.

— Signora, cosa devo fare perché mi crediate? È forse colpa mia se a voi non si mostra, se sono la sola a poterlo vedere?

Mi staccai da lei. Avevo bisogno di calma per riflettere su quegli eventi sconcertanti, e così uscii dal carro e presi a camminare su e giù per il prato.

La giovane, sino ad allora, non mi aveva mai mentito, e anche adesso, mentre raccontava la sua incredibile storia, ogni parola, ogni gesto recavano impresso il sigillo della verità.

Ma se non mentiva doveva essere malata, o peggio ancora posseduta da un cattivo demone, di quelli che a volte eleggono a dimora proprio le anime più pure, e le piegano ai loro disegni. Ne avevo viste, nel corso del mio girovagare, di queste creature infelici: devastate da un male oscuro, si trascinano senza scopo da un luogo all'altro e consumano tutte le proprie forze nel tentativo vano di sottrarsi alla potenza che le domina. Una lotta atroce, senza speranza di vittoria, dove chi vibra il colpo deve sopportarne il dolore nella sua stessa carne.

Meditai a lungo, passeggiando, e spesso volgevo gli occhi verso il carro. La sua mole imponente, la tinta scura della vernice su cui risaltava l'oro degli stucchi, i sei cavalli neri che pascolavano liberi nel prato, ogni cosa mi pareva avvolta in una luce inquietante, minacciosa.

Tornai dalla ragazza a confidarle i miei timori, e la scongiurai di trasferirsi in un'altra stanza, quella sera stessa.

Mi rivolse uno sguardo angosciato, ma senza lacrime.

— Dicevate di volere il mio bene, e invece venite a strapparmi ciò che ho di più caro. Ma se lo vedeste, come lo vedo io, capireste che non è vero quel che pensate, e non avreste paura. Credetemi, signora, da un essere così bello non può venire alcun male.

"E poi non mi parla, ve l'ho detto, non cerca di spingermi ad azioni cattive. Non fa che abitare gli specchi, ma solo quando nella camera non c'è nessun altro, solo allora si rende visibile. Ha il volto bianco come quello di una donna, le labbra di porpora, e i suoi occhi sembrano due schegge cadute dalla volta del cielo. E quando si muove, signora, nei suoi gesti c'è una grazia che neppure voi possedete. Se anche fosse come dite, se anche sapessi che è venuto per farmi del male, avrei caro questo male più di qualsiasi fortuna.

"Continuerò a vivere nella stanza degli specchi, e chiuderò la porta a chiave, e se verrà qualcuno a cercare di dividermi dal mio male, non lo lascerò entrare. Così fareste anche voi, lo proteggereste come io lo proteggo se come me lo aveste visto vagare dietro il cristallo con il suo passo leggero, se soltanto una volta aveste posato lo sguardo su quel volto malinconico."

La preoccupazione mi tenne sveglia tutta la notte. Certo anche la ragazza vegliava, chiusa nella sua camera, e come me ascoltava le note lontane del flauto.

Capii che non avrei avuto pace finché non avessi visto coi miei occhi l'essere misterioso che abitava gli specchi, e mi chiedevo come avrei potuto indurlo a mostrarsi.

Bisognava che la mia presenza nella stanza passasse inosservata, che trovassi un luogo dove nascondermi.

Mentre così riflettevo, mi ricordai all'improvviso del grande letto a baldacchino, con le sue cortine pesanti, e seppi quel che dovevo fare.

Attesi l'alba sdraiata nel mio letto, e mi sforzavo di non cedere al sonno. Alle prime luci, udii un rumore di passi sul pavimento del salotto.

Mi alzai, e socchiusi pian piano la mia porta. Vidi la ragazza aprire i battenti del carro e uscire all'aperto, avvolta nel lenzuolo.

Allora mi infilai rapida nella stanza degli specchi e mi nascosi fra le cortine. Di lì potevo osservare la superficie immobile del cristallo.

Dopo qualche minuto i passi tornarono ad avvicinarsi. Vidi la ragazza entrare nella camera, chiudersi la porta alle spalle e posare sul pavimento la cesta dei panni. Subito negli specchi ci fu un balenare confuso, un guizzare di luci.

Lei stava a guardare, senza azzardare il minimo movimento, e così feci io dal mio nascondiglio. Lentamente quel vago splendore si compose in un'immagine, una figura d'uomo che camminava, ora lontana ora vicina, per la serie infinita delle stanze.

In tutta la vita non avevo mai visto una creatura tanto bella. Dai suoi atteggiamenti traspariva una nobiltà triste e remota, il riflesso di un mondo perduto.

S'inoltrò nell'abisso limpido del cristallo, poi venne di nuovo verso la superficie. Allora potei distinguere il volto, e ogni cosa era come l'aveva descritta la ragazza: la bianchezza dell'incarnato, il rosso purpureo delle labbra, e gli occhi due schegge di cielo, accese di una luce tenue e malinconica.

Portava vesti principesche, simili a quelle che avevo ammirato nelle recite a corte indosso a qualche nobile, eppure dissimili. Mi pareva che tutta la magnificenza della terra non fosse che l'eco sbiadita di quella che appariva là, nello specchio.

Non era soltanto seta la lucentezza bianca che copriva le membra del giovane, e si gonfiava sulle maniche in morbidi sbuffi, ornati di nastri d'oro. Il gioco sapiente di pieni e di vuoti che avvolgeva i polsi dello sconosciuto poteva forse dirsi una trina, ma allora tale nome non spettava certo agli ornamenti che impreziosiscono i nostri abiti. Le vesti dei signori, che un tempo avevano incantato i miei occhi di fanciulla, sembravano, al cospetto di quell'immagine, gli stracci variopinti che noi attori sfoggiamo sulla scena per simulare un rango che non ci appartiene.

A onde dorate, i capelli del giovane scendevano fino a lambirgli le spalle. Sul capo portava un cappello di feltro nero, e sul cappello un pennacchio di piume di cui non saprei dire il colore, tanto cangiavano al più piccolo mutare della luce.

La ragazza contemplava affascinata, e posava le mani sul cristallo, come per toccare l'immagine che si muoveva dall'altra parte. Ma i suoi gesti, il suo stupore, non raggiungevano quell'essere arcano, non ne turbavano il lento vagare nella solitudine degli specchi.

Era talmente assorta in quella visione, che potei uscire da dietro le cortine e scivolare fuori della stanza senza che si avvedesse di nulla.

Ora capivo la sua passione per l'uomo degli specchi, la cautela con cui teneva segreto quel mondo incantato, l'angoscia dinanzi alla prospettiva di perderlo. Io stessa non avrei più potuto alzare la mano sui cristalli, infrangere, come avevo pensato, la dimora dell'ospite misterioso. La sua bellezza lo rendeva inviolabile, e l'idea di distruggere quell'immagine di perfezione mi appariva un proposito empio, un disegno sacrilego.

Era così lontano, così inaccessibile nel suo muto splendore, che scacciai dalla mente il sospetto che potesse nutrire una qualsiasi intenzione nei nostri confronti.

Trascorsi molto tempo senza tornare nella camera degli specchi, ma quella figura mi era rimasta impressa nella memoria.

Adesso che ne conoscevo il segreto, sentivo nuovamente

vicina la ragazza, e lei parve accorgersi che nulla ormai minacciava la sua felicità. Tornò serena, e quando usciva da quel mondo di inganni appariva più ardita, come se il fatto di non appartenere del tutto alla vita reale le consentisse di muoversi in essa con una sicurezza che prima le era negata.

Ma passarono i mesi, e un giorno la vidi di nuovo triste. Spesso, quando eravamo a tavola, si voltava dall'altra parte per asciugarsi una lacrima, e parlava malvolentieri, e fuggiva il più possibile la nostra compagnia, ma non per rinchiudersi come un tempo nella stanza degli specchi. Anche da quella sembrava voler fuggire, e trascorreva le sue giornate nei prati intorno al carro, cercando la solitudine, come fa chi coltiva nel cuore un dolore che non ammette conforto.

Solo di notte andava in camera sua, e la sentivo camminare avanti e indietro, insonne, fino al mattino. A volte udivo i suoi singhiozzi, che si fondevano con le melodie del flauto, creando ora aspre dissonanze, ora consonanze struggenti.

Infine decisi di scoprire cosa stesse accadendo. Mentre lei raccoglieva i panni, entrai nuovamente nella stanza e mi nascosi dietro le cortine.

Al suo ritorno assistetti al lento formarsi dell'immagine. Ma questa volta il giovane non era solo, una splendida fanciulla gli camminava al fianco. Come la vide, la mia compagna distolse lo sguardo, e si appoggiò sospirando a una colonna del letto.

Le due figure continuavano a passeggiare, l'una accanto all'altra, assorte in un colloquio di cui non ci giungeva il suono.

La fanciulla era forse ancora più bella del suo cavaliere, la pelle ancora più candida, i capelli più luminosi, e gli occhi di un azzurro più profondo.

Scambiava col giovane lunghi sguardi d'amore, e con lui percorreva il dedalo delle stanze. Lo strascico bianco della veste di seta splendeva, quando si allontanava, come la coda di una stella.

Da quel sembiante, che pareva un riflesso del paradiso, i

miei occhi si spostavano sulla figura esile e sgraziata della ragazza, e sentivo una grande pietà.

Si specchiava nel cristallo, e vedeva, accanto alla sua, quella bianca immagine. Confrontava tratto con tratto, gesto con gesto, bellezza con bellezza, e ogni volta si ritraeva avvilita.

Prese dalla cesta dei panni la sua rozza veste di contadina, e la stese sul pavimento. Osservava la tela lisa, i bottoni sciupati, le sottogonne ingiallite dal tempo, piene di rammendi.

Infine vi affondò il volto, e scoppiò in lacrime.

Il giorno dopo venne a chiedermi se avessi qualche abito smesso da donarle.

Frugammo a lungo nei bauli, e ne scelse uno bianco, di broccato. Era un vecchio costume, tutto logoro, ma la ragazza ne sembrava contenta.

Al tramonto accese un fuoco davanti al carro e vi bruciò il vestito da contadina. Rimase a osservarlo, finché le fiamme non lo ebbero del tutto consumato. Il suo volto esprimeva sollievo e insieme una vaga apprensione, come di chi abbandoni all'improvviso la vita abituale e parta verso luoghi sconosciuti, senza la certezza di potervi mai giungere.

La cerimonia che si svolgeva sotto i miei occhi aveva un che di solenne: confusamente avvertivo che tra quelle fiamme si concludeva qualcosa, e qualcosa iniziava.

Da allora la ragazza prese ad aver cura del suo aspetto, come prima non aveva mai fatto. Ogni mattina andava a bagnarsi nel torrente e tornava con i capelli gocciolanti. Li lasciava asciugare al sole e li pettinava con il suo pettine di legno cercando di ondularli, ma quelli ricadevano diritti sulle spalle.

La spiavo spesso, dal mio solito nascondiglio dietro le cortine del letto. Rimaneva in piedi davanti allo specchio, e quando appariva la figura della fanciulla ne studiava i gesti e il portamento, e si sforzava di imitarli.

Seguivo i suoi progressi, un giorno dopo l'altro. Tentava di sovrapporre la propria immagine a quella nel cristallo, e a poco a poco, con grande meraviglia, mi accorsi che il divario fra le due cominciava a decrescere.

Ora si muoveva con una certa grazia. Non era quella innata di una dama, e nemmeno quella che noi attrici impariamo con zelo, fino a farne una seconda natura; tanto più era lontana dall'armonia squisita che animava la donna dello specchio. Ma io la ricordavo nei suoi panni di contadina, la ricordavo quella prima sera, quando sedeva accanto al fuoco, spaurita, con gli occhi bassi, e tutti ridevano di lei.

Ricordavo com'era, e accoglievo stupita l'affiorare, giorno per giorno, di quei barlumi di bellezza. Ma ancora non avevo capito che cosa stesse accadendo.

Cominciai a sospettarlo dopo qualche mese, quando mi accorsi che i suoi capelli cambiavano colore. Dapprima pensai che avesse preso una delle tinture che adoperavo per la scena, ma quando andai a controllare vidi che le fiale di vetro erano ancora al loro posto, e non mi parve che da nessuna mancasse del liquido.

Anche la pelle si faceva più bianca, le labbra più rosse e meglio disegnate, e tutti i lineamenti stavano lentamente mutando, diventavano più cesellati, più fini.

Solo gli occhi restavano identici, con il loro azzurro intenso, ma vi splendeva una luce diversa. Non avrei saputo dire se li preferissi com'erano prima, limpidi e schietti, senza recessi d'ombra, oppure adesso, che andavano acquistando un che di nebbioso e di magico, e i moti dell'animo non vi si riflettevano più direttamente, ma tralucevano ambigui come il sole da dietro le nubi.

Più passava il tempo, più diventava impossibile non ammettere che la giovane stava venendo a somigliare, in tutto e per tutto, alla figura dello specchio.

Ma io sola conoscevo il modello di quella trasformazione: gli altri si limitavano, sempre più stupiti, a constatarne gli effetti. Finché un giorno il capocomico mi mandò a chiamare e mi chiese il permesso di scritturare la mia cameriera per una parte d'innamorata.

Ricordo ancora il suo debutto. Avevamo lavorato tutto il pomeriggio per preparare il costume, cucendo lustrini sulla veste bianca, e pettinai io stessa i morbidi capelli d'oro che le cadevano sulle spalle in onde lucenti.

E la sera, nella piazza del villaggio, quando le torce si accesero e lei apparve sul palcoscenico, pensai che non si fosse mai vista una creatura tanto bella calcare le scene, e certo non fui la sola a pensarlo.

Fu quello, signori, il debutto della grande Eulalia.

Iniziò dunque a recitare, dapprima in parti secondarie, poi via via più importanti, una sera dopo l'altra, di fronte a un pubblico sempre più entusiasta.

Era come se in lei si fosse accesa una fiamma la cui luce continuava a crescere, e traspariva dagli occhi, dal viso delicato, dalla figura perfetta; traspariva da ogni gesto, da ogni moto del corpo, e incantava gli spettatori.

Viaggiavamo da una città all'altra, e in ciascuna ella portava quel suo splendore arcano e travolgente.

Di notte, dopo le recite, vegliava con il musico fuori del carro, e apprendeva da lui l'arte del canto. Si esercitò a lungo, accompagnata dal flauto, e quando per la prima volta, sulla scena, intonò una melodia, parve a tutti di venire sommersi da una marea di dolcezza.

La sua voce era già allora quella che voi conoscete: un flutto di nostalgia che sgorgava oscuro dalle profondità dell'essere, e poi si faceva terso, nitido, inarcandosi in un gioco cristallino. Era una forza ignota che possedeva le fila di ogni cuore, e le annodava e le scioglieva.

Voi la conoscete, anche voi un tempo foste soggiogati da quella malia. Non vi era città in cui il pubblico non si accalcasse per poterla vedere, e ogni volta gli applausi, che alla fine esplodevano fragorosi, erano preceduti dall'istante di silenzio che sempre accoglie i prodigi.

Il suo fascino era tale da cancellare del tutto quello di chi le stava accanto, sicché presto non si trovò più nessuno disposto a lavorare con lei.

Allora prese a recitare da sola. Il musico, nascosto dietro le quinte, l'accompagnava con i suoi strumenti; io restavo a guardarla dal buio della platea, e di giorno tenevo in ordine il carro e avevo cura dei costumi.

Ben presto la sua fama si diffuse in ogni luogo, e i re della terra si contendevano il privilegio di ospitare la grande Eulalia alla loro corte.

Poiché le sue origini erano ignote, diverse città si vantavano di averle dato i natali. Non c'era attrice che non tentasse, sulla scena, di imitarne i gesti e l'intonazione, e persino le dame copiavano da lei le fogge degli abiti e le acconciature.

Gli innamorati, poi, non si contavano. Giovani signori il cui sangue precocemente intorpidito era stato scosso all'improvviso, e convertivano in una passione senza confini il tedio smisurato che fino ad allora li aveva dominati. Poeti che l'adoravano da lontano, e non scrivevano un verso senza immaginarne il suono sul labbro di lei. Mercanti che per averla avrebbero pagato qualsiasi prezzo, uomini di fede disposti a sacrificarle i loro dei, esaltati che la seguivano alla fine delle recite giurando che sarebbero morti di dolore se avesse negato loro un bacio, e che qualora l'avesse concesso sarebbero morti egualmente, per la troppa felicità.

Ma i sentimenti che suscitava sembravano non sfiorare neppure il cuore di Eulalia. Viveva per quelle poche ore sulla scena, quando alla luce delle fiaccole rimaneva irretita dal miraggio che lei stessa creava, e si smarriva nel labirinto delle sue finzioni, come in una patria sconosciuta.

Una sera, mentre tornavamo al carro dopo una recita, sentii che il braccio di Eulalia si appoggiava più del solito al mio, quasi cercando conforto.

— Che c'è, bambina? Qualcosa non va?

— No, signora. È solo che sono stanca. Ora che ho avuto tutto il successo che potevo sperare, questa vita di girovaga incomincia a pesarmi.

Tali parole non mi stupirono. Da qualche tempo avevo notato sul suo viso un pallore inconsueto, che pure ne accresceva la bellezza.

— Cara — dissi — ciò che possediamo ci basterà largamente fino al termine dei nostri giorni. Quindi non darti pensiero, e se la vita d'attrice ti ha stancata, abbandonala.

Scosse il capo. — Non è questo. Non c'è altra vita per me, né ci potrà mai essere. Vorrei potermi fermare, avere una casa, e insieme continuare a calcare le scene.

— Il tuo, bambina, è un sogno irrealizzabile.

Così risposi, ma quella notte ci ripensai, e al mattino attesi con impazienza che Eulalia si destasse per esporle il mio progetto.

Sedevo nella sua camera. Erano le ultime ore di sonno, le più irrequiete. Ogni tanto apriva gli occhi, e subito le figure nello specchio cominciavano a prendere forma, ma svanivano appena li richiudeva e nascondeva il volto nell'incavo del braccio, per farsi schermo dalla luce.

Il suo risveglio era lento. Di solito evitavo di rivolgerle subito la parola, e lasciavo che si riabituasse gradualmente alla vita. Anche gli specchi si destavano con lei, a poco a poco: l'uomo e la donna biancovestiti apparivano lontani, e i loro contorni erano dapprima vaghi, sfumati, per farsi sempre più nitidi man mano che si avvicinavano.

Ma quel mattino non attesi.

— Ascoltami — dissi, appena Eulalia si fu sollevata sui guanciali — stanotte ci ho riflettuto, e ho trovato la soluzione.

Mi guardò inespressiva, come se non fosse ancora uscita dal suo mondo di sogni. — La soluzione?

— È semplicissimo. Scegli il luogo dove più ti piacerebbe abitare, e fa' costruire lì il tuo castello, e vicino al castello un teatro. Sarà il pubblico a venire, da ogni angolo della terra, per veder recitare la grande Eulalia.

Il volto le si animò all'improvviso. — Avete ragione, verranno certamente.

Quando si alzò era già tutta assorbita da quel progetto.

Prima ancora di far colazione cercammo nei bauli le vecchie carte geografiche, che portavo sempre con me per orientarmi nelle mie peregrinazioni.

Eulalia le spiegava sul tavolo, l'una dopo l'altra, e seguiva con il dito i percorsi dei fiumi e delle strade, soffermandosi ogni tanto sul nome di una località. Lo pronunciava più volte, lentamente, quasi volesse saggiare, attraverso il suono, gli incanti che poteva offrire.

Per qualche tempo trascorse così le giornate, china sulle carte, a esplorare con l'immaginazione le regioni più lontane; oppure tracciava a carboncino, su dei fogli bianchi, la pianta del castello, e vi apportava continue modifiche, come se il suo desiderio fosse troppo intenso per poter placarsi in una forma definita.

Finimmo per scegliere una vasta tenuta, in una valle boscosa circondata dalle montagne.

Al centro della tenuta si schiudeva un lago. I tronchi degli alberi si chinavano sulle acque formando curve gentili, e il verde delle fronde vi si rifletteva, assumendo nell'immagine un tono velato, polveroso, che a tratti sconfinava nell'azzurro.

In un punto la selva si diradava, lasciando posto a una grande spiaggia, e di fronte, poco discoste dalla riva, sorgevano tre isole. Appena le vide, Eulalia stabilì che vi avrebbe fatto costruire tre castelli, uno per isola, e sarebbero stati collegati da ponti invisibili, di cristallo, che sfiorassero l'acqua. In questo modo chi vi camminasse sarebbe parso incedere sulla superficie del lago.

Progettare la dimora della grande Eulalia era un onore cui aspiravano, in tutto il mondo, i migliori architetti, ma lei scelse quello che più le sembrava incline a seguire fedelmente le sue indicazioni.

E posso dirvi, signori, che quei tre splendidi edifici, ancora adesso oggetto di meraviglia, sono in realtà opera sua, e non dell'architetto. Di lei tramandano il gusto per i giochi più sottili tra realtà e finzione, per l'intrecciarsi infinito delle somiglianze, per l'inganno sublime degli specchi, che cattura l'occhio e lo piega alle leggi prospettiche di uno spazio immaginario.

Ricorderete, signori, l'ampio balcone, sorretto da due colonne di marmo bianco che ancora si levano davanti alla facciata del terzo castello.

Ricorderete quelle sere, quando, appena svanita la luce del sole, si accendeva lo sfavillio delle fiaccole e il pubblico aspettava con il fiato sospeso la comparsa della grande Eulalia, in parte radunato sulla riva, in parte a bordo delle zattere che coprivano lo stretto braccio di lago tra l'isola e la terraferma. Intanto si udiva il mormorio del contrabbasso, cupo e profondo, o il rullo teso del tamburo, o il grido della tromba, che lacerava la notte.

Infine la musica taceva, e lei appariva sul balcone.

Raccontava una storia, ogni sera una diversa, ma erano sempre storie enigmatiche e piene di malinconia. Sapeva narrare come nessuno ha mai saputo, e cogliere le tracce oscure, fatte di silenzio e di assenza, in cui talora si rivela, come in un lampo, il cuore nascosto delle cose.

Quando finiva di raccontare, la musica riprendeva, e lei intonava una di quelle sue canzoni che voi certamente ricordate, e di cui non c'è l'eguale.

Il pubblico la salutava con grida di entusiasmo. A lungo, dopo che si era ritirata, restavano fermi sulla spiaggia, uomini e donne di tutte le condizioni, venuti da tutte le parti del mondo, e aspettavano nella speranza che la grande Eulalia tornasse ad affacciarsi. Ma lei era già scesa nel cortile, dove avevamo sistemato il nostro vecchio carro. Ogni notte vi entrava, ancora frastornata dagli applausi, e si rinchiudeva nella stanza degli specchi.

Una sera Eulalia dimenticò sul balcone il ventaglio di piume.

Non voleva mostrarsi di nuovo, perciò attese, e quando le acclamazioni del pubblico cessarono uscì per riprenderlo.

Rimase fuori a lungo, e rientrò con un'aria pensierosa. Due piccole rughe segnavano la superficie della sua fronte.

— E il ventaglio? — chiesi. — Non l'hai trovato?

Mi rivolse uno strano sorriso. — Andiamo a cena — disse. — Gli ospiti ci aspettano.

Scendemmo insieme la scalinata e uscimmo nel cortile. Eulalia lo attraversò camminando veloce, e passò accanto al carro senza fermarsi.

Ero stupita, ma non feci domande. Percorremmo in silenzio il ponte che conduceva al secondo castello.

Un gioco di specchi collegava le sale da ricevimento in modo che da ciascuna si potessero vedere, di scorcio, tutte le altre, e lo sguardo vi si smarriva, incapace di discernere gli ambienti reali dalle loro copie riflesse.

Il centro di quel labirinto era un ampio salone ottagonale a cui si accedeva attraverso otto porte dagli stipiti d'oro. Là, intorno al grande tavolo, era radunata, come ogni sera, una compagnia di invitati d'alto rango.

Eulalia si fermò nel vestibolo, e mi mandò avanti perché la annunciassi presso gli ospiti. Le piaceva fare il suo ingresso da sola, come in scena. La si vedeva dapprima lontanissima, in una delle stanze più esterne, e la sua immagine, moltiplicata dai cristalli, si distingueva appena. Poi, lentamente, si avvicinava.

Noi eravamo frastornati da quella molteplicità, ingannati dalla disposizione sapiente degli specchi che ora celava la sua figura, ora ce la svelava all'improvviso in qualche punto inaspettato, e sempre ci domandavamo quale delle innumerevoli fanciulle perfettamente identiche l'una all'altra sarebbe infine comparsa nella stanza.

Così Eulalia amava giocare con i suoi ospiti, e a volte lasciava trascorrere parecchi minuti prima di decidersi a entrare nel salone. E così fece anche quella sera, ma senza entusiasmo, quasi annoiata lei stessa della lunga caccia a cui costringeva i nostri sguardi. E infatti la vedemmo affacciarsi prima del solito a una delle otto porte della sala, e rispondere con un inchino distratto all'applauso degli invitati.

Sedette a tavola. Dai suoi gesti traspariva un'animazione inconsueta, senza rapporto con i discorsi dei commensali, cui a malapena prestava ascolto.

Terminata la cena, da uno dei pochi angoli invisibili del castello si udì giungere il suono del clavicembalo.

Eulalia si alzò, offrì il braccio al più illustre fra gli ospiti e ci guidò nel salone da ballo.

Iniziò con una danza antica, dal ritmo veloce, e ne eseguiva con sicurezza le complesse figure, tanto che quei movimenti parevano esserle innati.

Ma nel suo modo di ballare c'era una sfumatura insolita, di abbandono, e il suo sguardo, di sopra la spalla del cavaliere, non si posava su nulla.

La sera dopo, terminata la recita, Eulalia dovette tornare sul balcone perché aveva dimenticato il mantello, e quella successiva smarrì una spilla, e poi l'anello di brillanti che portava al dito; restava fuori sempre più a lungo, e ogni volta, quando rientrava, aveva sul viso quell'espressione assorta, stupefatta.

Più tardi, mentre danzava con gli ospiti, nel suo sguardo c'era sempre la stessa inquietante fissità. Sembrava una sonnambula, i cui movimenti, pur obbedendo in apparenza alle leggi che governano la vita desta, seguissero invece nascostamente la trama di un sogno che agli altri non era dato conoscere.

A notte inoltrata l'accompagnavo al primo castello, la spogliavo e la mettevo a letto io stessa, per assicurarmi che non perdesse le poche ore di sonno che le rimanevano.

Ogni volta pareva esausta, e appena sotto le coltri mi congedava con uno sbadiglio. Ma dopo qualche minuto dalla finestra della mia camera, che si trovava nell'ala opposta del castello, esattamente di fronte a quella di Eulalia, vedevo il lume riaccendersi. La sua luce fioca si spostava da una stanza all'altra, rapida come una scintilla, e poi giù, lungo le scale, e fra le aiuole del vasto giardino pensile che separava i due lati dell'edificio.

Nelle notti di luna potevo vedere la bella figura di Eulalia avvicinarsi alla balaustra di marmo che chiudeva il giardino dalla parte del lago.

Vi restava per ore, appoggiata al parapetto, e scrutava le tenebre in direzione della riva.

Una sera, dopo la recita, Eulalia sedeva come al solito nella stanza del balcone e si toglieva dal viso il trucco di scena, tendendo l'orecchio al lento diradarsi degli applausi.

Aspettava, e aspettavo anch'io. Avevo deciso, poiché Eulalia continuava a tacere, di scoprire da sola cosa stesse accadendo. Infine ella si alzò dicendo che aveva dimenticato fuori il fazzoletto, e fece per uscire, ma fui pronta a sbarrarle la strada.

— Torna pure a sedere, andrò a prenderlo io.

Mi lanciò un'occhiata piena di rancore, tuttavia dovette acconsentire.

Uscii dunque sul balcone. Il fazzoletto, un piccolo lembo di batista ricamato, giaceva per terra, davanti alla balaustra. Lo raccolsi in fretta, quindi mi affacciai.

Le zattere erano state ritirate, e il lago era una striscia nera dove si condensava il buio della notte.

Sulla riva un servo, con un lungo bastone, spegneva le ultime fiaccole.

Esaminai la distesa dell'acqua, ogni angolo della spiaggia; vedevo soltanto due superfici scure, deserte, che si confondevano l'una nell'altra.

Ma lontano, fra gli alberi, si muoveva qualcosa di bianco. Non era che una macchia indistinta: forse, pensai, uno di quegli animali che vivono celati nel bosco, e la notte, quando gli uomini dormono, si avvicinano furtivi alla riva per bere l'acqua del lago.

Rientrai nella stanza, delusa, e restituii a Eulalia il fazzoletto. Lei mi fissava con un'espressione interrogativa. Anche a tavola, spesso, volgeva gli occhi dalla mia parte, e senza parere continuò a spiarmi durante la danza.

La sera dopo lasciai che tornasse sul balcone, ma mi affacciai a mia volta a una finestra laterale, e cercai di indovinare la direzione del suo sguardo.

Guardava lontano, oltre la spiaggia, nel groviglio oscuro del bosco, dove ancora si muoveva la macchia bianca, adesso, mi parve, leggermente più vicina.

Da allora mi affacciai ogni sera, di nascosto da Eulalia, e ogni sera la creatura si faceva più prossima, finché potei distinguerne la forma, che era quella di un uomo.

Notai anche che Eulalia recitava tenendo gli occhi fissi su di lui, e non li distoglieva mai, quasi ne fosse ipnotizzata. Sembrava non vedere neppure la folla accalcata sulla riva: guardava al di là, verso le propaggini estreme del bosco, come se laggiù si celasse il suo unico spettatore.

E una notte, quando il pubblico si fu ritirato, lo vidi seduto nell'ultima fila.

Portava una veste di seta bianca, e sul capo un cappello di feltro nero, e sul cappello un pennacchio dai mille colori, e i capelli gli scendevano sulle spalle in lunghe onde dorate.

Ogni sera avanzava di una fila, e quando le ebbe percorse tutte e iniziò a prendere posto sulle zattere, cominciai a discernere, sulla veste di seta, i nastri dorati che ornavano le maniche, e le trine delicate dei polsini.

Man mano che si avvicinava al balcone potei ravvisare i tratti del suo volto fine e malinconico, le labbra purpuree, il candore dell'incarnato, e la luce azzurrina degli occhi, che parevano due schegge di cielo.

Eulalia recitava solo per lui, per lui tesseva ogni sera il suo gioco di finzioni e lo abbelliva di incanti sempre nuovi, come se avesse voluto accumulare un tesoro ai piedi dello sconosciuto, deponendovi una gemma dopo l'altra. Forse sperava in tal modo di attrarre quell'essere misterioso, di avvincerlo a sé.

Durante i ricevimenti non staccava gli occhi dalla porta, quasi si aspettasse di vederlo apparire da un momento all'altro nel cristallo che concludeva la fuga delle stanze, come la sua immagine negli specchi del carro.

Ma lui non si avvicinava mai ai castelli. Dopo lo spettacolo vagava a passi lenti sulla riva del lago, e quando Eulalia si affacciava le rivolgeva uno sguardo triste. Restava così, a fissarla, senza una parola, finché lei non rientrava.

La gioia che le dava la comparsa del giovane fuori degli specchi compensava largamente, nel cuore di Eulalia, lo strazio per la distanza che ancora si interponeva fra loro. Era felice come non la vidi mai; nei gesti, nel modo d'incedere c'era una morbidezza nuova, e tutta la sua persona emanava un senso di appagamento, quale può dare soltanto la realizzazione di un desiderio profondo.

Mi parve di buon augurio che tutto ciò avvenisse proprio all'approssimarsi di quella che per noi, come sapete, era la ricorrenza più importante: la notte d'estate in cui cadono le stelle.

Il pubblico, in tale occasione, accorreva ancora più numeroso. Alla recita faceva seguito una grande festa che durava fino all'alba, e le porte dei castelli erano aperte a tutti.

La sera della vigilia. Eulalia stava sul balcone a contemplare lo sconosciuto.

Pareva che le cose si sarebbero svolte come al solito, lei al castello, lui sulla riva, quando a un tratto l'uomo si avvicinò al ponte di cristallo che conduceva all'isola, e lentamente, come esitando, vi posò il piede, e mosse qualche passo.

Subito Eulalia sparì dal balcone, e dopo alcuni istanti la vidi uscire dal castello e imboccare a sua volta il ponte, dirigendosi verso di lui.

Si incontrarono a metà strada, sopra l'acqua del lago. Egli si chinò a baciarle la mano, con un gesto elegante. Poi le offrì il braccio, e si avviarono insieme verso la riva, assorti in un colloquio di cui non mi giungeva il suono.

Quando li vidi l'uno accanto all'altra, e vidi i capelli d'oro di Eulalia, e la sua veste candida, e il lungo strascico tempestato di brillanti, simile alla coda di una cometa, mi sembrò che il mondo magico degli specchi avesse preso vita all'improvviso davanti ai miei occhi, e che tutto ciò che era accaduto d'arcano e di incomprensibile trovasse ora il suo senso e il suo compimento.

Il mattino dopo mi alzai di buon'ora. Uomini di fatica erano venuti dai paesi vicini per aiutarci nei preparativi della festa.

Eulalia era ancora nella sua stanza. Pensai che avesse bisogno di riposo, dopo le emozioni di quella notte, e decisi di non disturbarla.

Sorvegliavo il lavoro degli uomini, e disponevo affinché gli addobbi fossero collocati nel modo migliore: festoni di seta, ghirlande di fiori, corolle di vetro dipinto entro cui sistemare le fiaccole, in modo che la fiamma accendesse le tenebre di tutti i colori dell'arcobaleno.

Poi dovetti occuparmi dei fuochi artificiali, e poi dei cibi e delle bevande, sicché le ore passavano veloci, e quasi non mi accorsi della mancata comparsa di Eulalia.

Del resto, in quell'assenza non vidi nulla di insolito. Per anni avevo calcato le scene, e ben conoscevo la tensione che si impadronisce degli attori prima di una recita importante. Così, se pensavo ad Eulalia, la immaginavo intenta a ripetere la sua parte, con quella concentrazione febbrile che precede il debutto, e che in lei, a dire il vero, non si era mai manifestata.

Ho trascorso molte notti, insonne, a rimproverarmi la cecità di allora, e ogni volta che la figura di Eulalia si rianima nella mia mente della vita effimera dei ricordi, mi domando cosa sarebbe accaduto se quel giorno fossi salita da lei, se avessi bussato alla sua porta, se le avessi parlato.

Ma forse era già troppo tardi perché la mia voce la raggiungesse, forse già allora, nel chiuso della stanza, aveva maturato il suo proposito.

Al tramonto il pubblico minuto affollò la spiaggia, e i notabili presero posto a bordo delle larghe zattere sulle cui tavole avevo fatto stendere una mano di vernice dorata. Fra i pali che reggevano le fiaccole si snodavano lunghe ghirlande di fiori, e oscillavano lievemente, agitate dalla brezza.

Calarono le tenebre, e subito esplose lo sfolgorio dei fuochi d'artificio; il rumore degli scoppi si perdeva nel padiglione del cielo, che rimandava un'eco sorda, attutita.

Il balcone era ancora buio, e il pubblico aspettava impaziente l'arrivo della grande Eulalia. Aspettavo anch'io, seduta in una delle prime file, e nel frattempo mi guardavo intorno in cerca del giovane sconosciuto, ma non riuscii a scorgere né la sua veste bianca, né il cappello piumato.

Finalmente le luci di scena si accesero, e il tamburo prese a rullare.

Eulalia comparve nel vano della finestra, vestita di uno dei suoi costumi più belli. Poi avanzò verso il parapetto.

Nel suo modo di incedere c'era qualcosa di strano, una lentezza inquietante, e il pubblico, anziché salutarla con il consueto applauso, mantenne un silenzio teso, disorientato.

La musica cessò. Eulalia restava immobile, appoggiata alla balaustra. Non guardava verso di noi, non percorreva con lo sguardo la folla alla ricerca della macchia bianca. Sembrava piuttosto seguire il rapido inabissarsi delle stelle, fino alla linea dell'orizzonte.

Il pubblico continuava ad attendere in silenzio.

Infine Eulalia sollevò un braccio, e dischiuse le labbra. Si levò un mormorio di sollievo.

Abbozzò un gesto con la mano, un gesto debole, esitante. Ma non arrivò a compierlo. Il braccio le ricadde lungo il fianco, e dalla sua gola non uscì alcun suono.

Bruscamente, senza inchinarsi, ci voltò le spalle, e lasciò il balcone.

Mi feci largo tra la folla e mi precipitai al castello. Eulalia era in piedi in mezzo alla stanza, come stordita, e teneva le mani premute sulle orecchie per non udire il clamore del pubblico.

La feci sedere su un divano, quindi uscii ad annunciare

che la grande Eulalia era stata colta da un malore, e che la festa era rimandata.

Aspettai accanto a lei che la gente sfollasse. Con un panno bagnato le tolsi il trucco dal viso. Lei lasciava fare, inerte, quasi che il suo stesso corpo le fosse divenuto estraneo, come la stanza dove ci trovavamo, e me che le parlavo: su ogni cosa posava due occhi spenti, senza sguardo, in cui pareva impossibile riaccendere una scintilla di luce.

Quando anche gli ultimi spettatori si furono allontanati, l'aiutai ad alzarsi e la condussi, appoggiata al mio braccio, fino al primo castello.

La accompagnai in camera sua, e la misi a letto senza spogliarla.

— Abbi pazienza — dissi. — Mando subito a chiamare il medico.

— Non ce n'è bisogno — mormorò. La sua voce era opaca, senza espressione.

— Ma se ti senti male...

— No. Non sono malata.

Soltanto allora intuii che quanto le era accaduto doveva essere collegato, in qualche modo, con l'uomo dalla veste bianca, e mi pentii di non essere rimasta alla finestra, la notte prima, per seguire sino alla fine il loro colloquio.

Ma quando la interrogai in proposito, Eulalia scosse il capo. — Non è successo nulla.

Tacque a lungo, e fissava con aria assente la grande specchiera di fronte al letto. — O almeno, nulla che si possa spiegare — aggiunse infine.

Mi avvicinai. — A me puoi dire tutto, bambina. Ti ha forse fatto del male?

Sollevò lo sguardo su di me.

— Non è lui.

Pronunciò quelle parole lentamente, come se articolarle le costasse uno sforzo enorme.

— Che vuoi dire? Come non è lui?

— Non è l'uomo degli specchi.

Le afferrai una mano. — Devi raccontarmi tutto, devi dirmi cosa è successo.

— Non c'è niente da dire — rispose con voce stanca. — Non è successo nulla.

Insistei, la scongiurai di parlare, di spiegarmi almeno in che cosa le fosse apparso diverso, ma non mi fu possibile sapere altro. Non è lui, non è l'uomo degli specchi: continuava a ripetere quelle due frasi con un'ostinazione apatica, come se la sua mente fosse ormai inaccessibile a ogni altro pensiero.

Dicono che certi uccelli, se con un pennello si traccia una riga davanti a loro, rimangano a fissarla paralizzati, incapaci di muovere un passo. Così era Eulalia, costretta a ripetere l'espressione nuda e irrelata del suo dolore.

— Voglio dormire — disse infine. — Lasciatemi sola.

Obbedii. Trascorsi alcune ore nel mio letto, in un inquieto dormiveglia. Lo stato di Eulalia mi preoccupava, ma speravo che entro pochi giorni tutto si sarebbe risolto.

Non credevo, allora, che esistessero ferite inguaribili, creature il cui essere si riassume in un unico sentimento, e si spezzano, se viene deluso, come una pianta di cui siano divelte le radici.

Tante cose, che in seguito accaddero, mi sarebbero parse impossibili, ancora quella notte, eppure non riuscivo a prendere sonno.

Mi alzai e andai alla finestra per respirare un po' d'aria. Nelle stanze di fronte si muoveva la fiamma di una candela. Discese rapida le scale, e poi scomparve.

Percorsi in fretta la lunga galleria che collegava le due ali del castello, e raggiunsi la camera di Eulalia. La trovai vuota.

Frugai l'edificio da un capo all'altro. Ero allarmata, ma decisi di non svegliare i servi, perché nessuno si accorgesse di quanto stava avvenendo.

Non trovando traccia di Eulalia, mi gettai un mantello sulle spalle, uscii nella notte e attraversai veloce il ponte che conduceva al secondo castello.

Per la prima volta entravo sola nei saloni da ricevimento, la cui sontuosa teoria assumeva, alla luce fioca del mio lume, un aspetto desolato, simile a quello che hanno talora gli alvei asciutti dei fiumi. L'immagine di Eulalia non compariva nel gioco degli specchi, che seguiva con coerenza implacabile il suo meccanismo privo di scopo.

Lasciai quel luogo di deserto splendore, e mi diressi verso il terzo castello.

Un suono debole giungeva dal cortile, e si distingueva a malapena dal respiro del vento, ma c'era in esso qualcosa di familiare e una regolarità complessa che manca ai rumori della natura. Riconobbi una delle melodie che il musico suonava fuori del carro, in notti ormai lontane.

Quando fui nel cortile lo vidi. La luce lunare batteva sul legno del flauto, e sulle lunghe dita, che si spostavano rapide da un foro all'altro.

— Dov'è Eulalia? — gridai.

Il musico scostò dalle labbra lo strumento, e in silenzio indicò la finestra della camera degli specchi.

Feci per entrare nel carro. La porta era chiusa a chiave.

Bussai, ma Eulalia non rispondeva. La supplicavo di aprire, o almeno di mostrarsi, ma la porta restava chiusa e le tende di broccato erano tirate in modo da nascondere completamente l'interno.

Quando mi accorsi che i miei sforzi erano inutili, andai a chiamare i servi che dormivano nel terzo castello.

Mostrai loro la porta e ordinai che la sfondassero. Ma neppure le spallate degli uomini più robusti riuscirono ad aver ragione di quella tavola di legno sottile.

Tentammo allora di rompere i vetri delle finestre, ma i sassi che lanciavamo rimbalzavano senza scalfirli, come se avessero urtato una parete d'acciaio.

Nel frattempo, richiamata dalle luci e dall'insolito movimento, era accorsa gente anche dagli altri castelli, e tutti, a turno, provavano a entrare nel carro, e tutti fallivano.

— L'unica è forzare la serratura — dissi infine, e mandai un ragazzo a cercare il fabbro del villaggio.

Giunse dopo una mezz'ora, ancora assonnato, ma quando gli ebbi spiegato la situazione si mise subito al lavoro.

Rimase a lungo in ginocchio, le labbra tese, lo sguardo concentrato sulla serratura, e io stessa gli porgevo gli strumenti, obbedendo ai suoi cenni come un solerte apprendista.

Alla fine si rialzò, e scosse lentamente la testa. — Mi dispiace, signora, ma non c'è verso di aprirla.

Mi sentii mancare. — Non è possibile. Provate ancora.

E provò e riprovò, fino al mattino, e per tutta la giornata successiva, ma la serratura non cedeva.

Feci venire un altro fabbro dalla città più vicina, un maestro del mestiere, che costruiva le casseforti dove i re custodivano i loro tesori. Ma anch'egli, dopo molti tentativi, mi ripeté che non c'era verso, che la porta non si apriva.

In tutto quel tempo dalla stanza degli specchi non era giunto alcun suono, salvo a volte un rumore di passi, leggero, appena percepibile.

Quei tentativi infruttuosi si protrassero per settimane. Mi recai io stessa in città, e frugai i vicoli più malfamati alla ricerca di celebri scassinatori, uomini sul cui capo pendeva già una condanna, e vivevano rimpiattati nelle cantine per sfuggire alla forca. Offrivo loro fortune colossali, purché aprissero quella porta e liberassero Eulalia dalla sua prigionia volontaria.

Venivano al castello viaggiando accovacciati sul pavimento della mia carrozza, per tema di essere riconosciuti da qualche gendarme. E se ne tornavano in città a mani vuote, la notte, col favore del buio.

Ma perché vi racconto ciò che già sapete? La grande Eulalia non uscì mai più da quel carro, fu sorda a ogni supplica, ostinata nel suo proposito.

Non so che ne sia di lei. Forse la morte ha trovato il modo di forzare la serratura, e il corpo di Eulalia giace ormai nel grande letto a baldacchino, dietro il sipario delle cortine, inaccessibile al pianto di quanti l'amarono.

O forse vive ancora, chiusa là dentro, e il suo dolore si annulla nel gioco degli specchi, eternamente uguale. Contempla l'incedere lieve dell'ospite, e la fanciulla dalla veste splendente, e il suo sguardo si perde negli incanti di quei mondi perfetti, inabissati, che a lei sola era dato dischiudere.

Non so che ne sia di lei. Sono trascorsi tanti anni da quando, giovani ancora, l'ammiraste; già il tempo vi imbianca i capelli, e molte cose sono andate perdute, molte dimenticate.

Una coltre d'edera avvolge le colonne del balcone nascondendone il marmo, e penetra, dai vetri rotti delle finestre, nelle stanze in rovina. Animali selvatici abitano le grandi sale da ricevimento, volpi, tassi, gatti dal mantello tigrato, e gli specchi ne catturano i movimenti rapidi, e li rimandano da un angolo all'altro, moltiplicandoli all'infinito, riproducendone i più minuti dettagli.

I basamenti dei ponti sprofondano nel terreno, giorno dopo giorno, e l'acqua stringe il cristallo in un abbraccio fangoso che ne offusca la trasparenza.

Qualche curioso, a volte, visita ancora i castelli abbandonati, e gli animali fuggono impauriti al rumore dei passi, e cercano rifugio tra i velluti consunti dei divani.

Il visitatore percorre le stanze del primo castello, poi del secondo, infine del terzo, e forse è distratto, oppure turbato alla vista di quell'antico splendore, ormai sopraffatto dal declino.

E quando traversa il cortile si ferma davanti al carro. Fra i suoi ricordi si affaccia per un attimo un'immagine vaga, impossibile da precisare, una storia confusa udita tanti anni prima, chissà dove, chissà da chi.

LA DONNA DI PIETRA

Un vecchio ancora rimaneva, dell'antica scuola, e viveva con il suo apprendista attendato presso la cava, e lo istruiva nell'arte sacra di scolpire giardini nel ventre della terra.

Gli insegnava a incidere arabeschi nella roccia, a creare alberi di marmo bianco da cui pendevano frutti d'oro, a disseminare sapientemente le gemme sulle aiuole di ghiaia, componendo un'immobile fioritura. Gli insegnava a popolare di animali il suo giardino, tigri di alabastro acquattate fra i cespugli, uccelli dalle piume iridescenti, lunghe serpi d'argento che avvolgevano i tronchi nelle loro spire.

Il giovane Mur imparava a incanalare le acque sotterranee in fontane dagli alti zampilli, perché i morti potessero ristorarsi quando passeggiavano, e soprattutto a serbare per loro la sua arte, pura, segreta, sottratta agli sguardi del mondo.

Per loro soltanto doveva lavorare, com'era costume dell'antica scuola, ad essi consacrarsi, edificando i vasti giardini sotterranei a cui nessun vivo poteva accedere.

— Ricorda — gli diceva talora il vecchio, quando sedevano a riposare l'uno accanto all'altro — che la nostra è la più sacra di tutte le arti. Se le sarai fedele raggiungerai la gloria suprema.

"Gli uomini non vedranno i frutti della tua sapienza, però la onoreranno, e ti offriranno oro e argento, smeraldi e rubini, e tutto ciò che fa bella e preziosa la vita. Anche il loro dolore ti offriranno, e la pietà e la speranza con cui accompagnano all'estrema dimora gli esseri amati, e ti affideranno ogni cosa, poiché sei l'erede dell'antica scuola.

"Ma tu non serbare nulla per te, di quanto i vivi ti donano: non cercare dai vivi il tuo compenso."

— E dove, maestro, lo devo dunque cercare?

Il vecchio levava la mano, e disegnava nell'aria un gesto ampio, quasi volesse abbracciare tutta la vastità dei mondi sotterranei.

— Guarda — diceva. — Immagina il corteo delle ombre, lungo e dolente, che vaga senza riposo per i meandri della terra. Immagina quando giungeranno in questo giardino, fra queste forme armoniose, e qui sosteranno per un istante, o forse per sempre, e la bellezza che noi abbiamo creato riaccenderà una scintilla di gioia nei loro sguardi spenti.

"Questo, figlio, è il nostro compenso, questo regno sotterraneo che da secoli andiamo costruendo, lontano dagli uomini, scavando la pietra, catturando l'anima del marmo con le sue vene sottili, e quella grigia dell'ardesia, e l'onice bianca e nera, striata come il manto delle tigri, e l'argilla, docile alla mano."

Così diceva il vecchio, e Mur guardava, e immaginava, e davvero gli pareva che la sua fatica non potesse trovare altrove il suo compenso che in quel mondo nascosto, senza luce, dove le pietre fiorivano e i morti vagavano silenziosi.

Un giorno il maestro incaricò Mur di ricavare un pergolato dalla volta rocciosa, ed egli scolpì i grappoli, rifinendo i chicchi uno per uno, e sulle pareti disegnò il fitto intreccio delle foglie di vite.

Ma quando tutto fu compiuto, al vecchio parve che mancasse ancora qualcosa.

— Maestro, io non vedo alcun difetto. Osservate, vi prego, la forma degli acini, osservate la disposizione delle travi...

— Sì, sì, hai fatto ogni cosa a regola d'arte. Eppure non sono contento.

Dalla bocca della caverna veniva una luce tenera, dorata.

— È sera — disse il vecchio — torniamo alla nostra tenda. Forse sarà il sonno a dirci ciò che da svegli non comprendiamo.

I raggi obliqui dell'ultimo sole penetravano nella grotta, e giungevano a lambire la pietra del pergolato.

— Guardate, maestro — disse Mur. — Guardate i riflessi d'oro, là sui grappoli.

Il vecchio si volse, e a lungo rimase in silenzio, contemplando quel gioco di luci che infondeva nella pietra scolpita la pienezza malinconica della tarda estate.

— Questo, figlio — mormorò infine — questo dovremmo saper fare. — E lentamente si incamminò verso la superficie.

Ma il giovane non lo seguiva. — Maestro — chiamò.

— Che c'è, ragazzo? Perché indugi?

— Forse so io come fare.

— Come fare che cosa?

— Come conservare questa luce per sempre, a tutte le ore.

Il vecchio ridiscese.

— Delle api d'oro disposte sull'uva — disse Mur — produrrebbero lo stesso effetto.

— Forse — fece il maestro dubbioso. — A patto che non siano troppe, né troppo poche. Però, se vuoi le api, devi andare in città a procurarti l'oro, perché quello che avevamo l'ho già tutto adoperato per le zampe del pavone.

— Andrò domani stesso, e vedrete che anche voi sarete soddisfatto del risultato.

— Se sarà così dolce, e così triste... Ma le ali devono essere lunghe, di cristallo, e coprire l'oro in modo da velarne lo splendore.

Il vecchio appoggiò un braccio sulla spalla dell'apprendista, e risalirono insieme lungo il cunicolo.

Sostarono un istante, all'imboccatura della caverna, e si congedarono dal buio pronunciando le antichissime parole:

"I corpi sono pieni della tua bellezza, e gli occhi stanno fissi in te, e il timore di te è sopra ognuno."

Il mattino dopo, di buon'ora, Mur lasciò la cava e partì alla volta della città.

Traversò la zona aspra e desolata che con le sue rupi e pietraie cingeva la città popolosa in un anello di solitudine. Le rare case, gli alberi dai rami nudi, i villaggi silenziosi abitati soltanto da vecchi, erano coperti di uno strato di polvere che ne spegneva i colori; nulla ormai distingueva le opere dell'uomo da quelle della natura, severe e immobili.

Il sole percorreva lento il suo corso, dall'alba al mezzogiorno, posando su ogni cosa uno sguardo infuocato. Anche Mur camminava, stordito dalla luce, e rimpiangeva le tenebre del giardino sotterraneo.

Giunse infine in città, e subito si diresse alla bottega dell'orafo. L'agitarsi dei colori e dei suoni lo assaliva a ondate, come un mare in tempesta, ed egli intimamente se ne ritraeva, lasciando scivolare le immagini davanti al suo sguardo, senza vederle.

Solo nei vicoli appartati, dove la vita scorreva più adagio, rallentava il passo, e a volte si soffermava a osservare un dettaglio, le linee di un porticato, un davanzale coperto di gerani, o tentava di indovinare, sotto i larghi mantelli delle donne, il segreto delle loro forme.

Ma sempre una qualche disarmonia veniva a turbare la sua contemplazione: le cose si muovevano, mutavano, si sottraevano all'istante perfetto in cui il caso le aveva fissate, si scuotevano di dosso quell'unità misteriosa che per un attimo aveva donato purezza alle loro immagini. Un uscio si chiudeva a sproposito, oppure si apriva, guastando la simmetria di un edificio. Un gesto brusco, sgraziato, cancellava l'incanto di una figura, da un bel labbro s'udiva a un tratto una voce che non poteva appartenergli.

Mur proseguiva, ripetendo fra sé le ammonizioni del maestro, e volentieri conveniva che è stolto chi si affida alla vita, alle sue forme imperfette, al suo mutare continuo, alla deformità che da ogni parte ci assedia, quasi che legge e scopo supremo del tutto fosse la distruzione incessante dei nostri sogni.

Così pensava, e in lui cresceva la nostalgia per la patria immobile a cui s'era votato. Gli era facile giurare a se stesso che non avrebbe mai cercato il proprio compenso dai vivi. Come una copia infedele al modello, così gli appariva allora il mondo. Come un'ombra ribelle, che si allungava, si accorciava, si allargava e stringeva, distorcendo le proporzioni del corpo da cui emanava fino a renderle irriconoscibili.

E la sua arte era lo specchio che raddrizzava le immagini, che le restituiva alla loro forma autentica. Tutti quei lampi, quegli accenni, quelle linee che si definivano e subito si dissolvevano in un vago pulviscolo, gli pareva che invocassero la sua mano, cercandola come il ferro cerca il magnete, per ricomporsi e placarsi.

Così traversava la città, e guardava con distacco i mille rivoli che in essa scorrevano. Credeva di essere l'alveo immobile, dove tutti sarebbero confluiti.

Tale sentimento lo accompagnò anche sulla via del ritorno, e quasi non si avvide della stanchezza, della sete che gli bruciava la gola mentre s'inoltrava nella zona disabitata. Ma a poco a poco anche questo entusiasmo andò spegnendosi, insieme con il sole che calava, e poggiava la sua massa di fuoco sulle morbide curve dei crinali.

Infine scomparve dietro le colline, lasciando un'eco violacea, che gradualmente si spense nelle tenebre della notte.

Fu allora che gli apparve la casa. Sorgeva isolata in mezzo a una vasta pietraia, e il tetto gettava un'ombra nera sul muro della facciata, cancellandone la parte superiore. Si vedeva soltanto il piano terreno, e oltre i battenti della porta, appena socchiusi, i primi gradini di una scala.

All'improvviso una luce tenue apparve al piano di sopra. Un bianco braccio di donna si sporse da un davanzale e chiuse le gelosie.

Tanto armonioso fu il gesto, che Mur ne rimase incantato. Nella forma ben tornita, nel gioco lieve del polso, nella curva chiara che quel movimento aveva disegnato per un attimo nell'oscurità della notte, gli si era rivelata una bellezza nuova e misteriosa.

Attese a lungo, dinanzi alla casa, che il gesto si ripetesse. Attese finché la luna fu alta, e poi si rimise in cammino.

L'oro giaceva ammucchiato in un angolo della grotta, e Mur demoliva con lo scalpello il pergolato di pietra.

— Che fai? — chiese il maestro stupefatto. — Perché distruggi il tuo lavoro?

Il giovane si fermò, e gli rivolse uno sguardo timido.

— Non mi piace — disse infine.

— Come? Se ieri l'altro ti sembrava perfetto...

Mur taceva confuso. Non avrebbe saputo spiegare al maestro la sua insoddisfazione, l'inquietudine nuova che si era impadronita di lui.

— Il viaggio di ieri — disse il vecchio — ti ha frastornato. Perciò non ti piace il tuo lavoro, perché hai ancora negli occhi le immagini disordinate della città. Devi riabituarti alla quiete di questo luogo.

— Sì — rispose Mur — sarà come voi dite.

— Ti concedo una giornata di riposo. Passeggia liberamente per il giardino, oppure, se preferisci, torna a dormire sotto la tenda. Ma non metter più mano allo scalpello.

Egli ringraziò il maestro e risalì alla superficie. I suoi occhi avevano bisogno di quella luce che pure li abbagliava. Subito si volsero verso l'alto, ma non per contemplare l'azzurro, né per seguire il vago disegno delle nubi che velavano appena il dardeggiare del sole. Nulla di tutto ciò aveva importanza: nell'immensità del cielo Mur vedeva soltanto la linea immaginaria che univa la cava alla casa della donna. Procedeva nel suo corso, dritta e sicura, fendendo la roccia antica delle rupi come fosse nebbia, incurante di fiumi e di abissi, poiché essa sola era reale, e al suo cospetto ogni cosa perdeva concretezza per dissolversi in uno sfondo confuso, in un gioco remoto di apparenze.

La seguì, e giunse davanti alla casa. La porta questa volta era sprangata, le gelosie chiuse, e la vasta pietraia, nel chiarore del giorno, rivelava appieno la sua desolazione.

I sassi, ammucchiati qua e là, parevano disposti dalla mano di un cieco, le rocce avevano forme contorte, irregolari, e una patina impura, fatta di polvere e sabbia, offuscava ogni cosa.

Ma a queste immagini si sovrapponeva nella mente di Mur quella del braccio della donna, e gli sembrava di rivivere il breve istante in cui era apparso, di rivedere la grazia del suo dileguare.

Quel gesto lo aveva sbalzato di colpo in un nuovo mondo, dove le forme fluivano magicamente da una perfezione all'altra, e la bellezza era un vapore tenue che accoglieva i trapassi più impercettibili, le più delicate movenze.

Mur avrebbe voluto indagare le leggi segrete di quel movimento, che non strappava le cose al loro centro, ma al contrario ve le riconduceva, quasi che nella suprema inquietudine si incarnasse la quiete suprema. Ma le gelosie restavano chiuse, la porta sprangata, ed egli lasciò deluso la pietraia per far ritorno alla cava.

Il maestro lo aspettava davanti alla tenda.

— Finalmente sei tornato — disse appena lo vide. — Domani stesso voglio iniziare una nuova statua: sarà una cerva bianca, di marmo, e avrà per occhi due diamanti neri. Se lo desideri, ti consentirò di aiutarmi.

— Vi ringrazio, ma ancora non mi sento bene, e per qualche giorno non vorrei intraprendere nulla.

— Bada che si tratta di una cosa importante, di un'opera sacra. Tu sai che le donne, se muoiono prima di aver conosciuto il giogo nuziale, si mutano in candide cerve, e nelle notti di luna escono da sotto terra, e si abbeverano alle acque dei fiumi.

— Lo so, maestro, già una volta mi parlaste di questo prodigio. Ma ad onorarlo basterà la vostra mano.

— Tu credi? — disse il vecchio, e poi tacque a lungo, fissando gli occhi stanchi in quelli del suo apprendista.

— Vedi, figlio — mormorò infine — da qualche tempo sono tormentato da un presagio angoscioso. Viene di notte e mi opprime nel sonno, e quando sorge il sole, neppure allora dilegua, come fanno gli incubi, ma continua ad accompagnarmi anche mentre lavoro.

— Che presagio, maestro?

— Questa statua, questa cerva bianca, è l'ultima che io scolpirò.

Da allora Mur si recò tutti i giorni alla casa della donna, inventando ogni volta un pretesto per allontanarsi dalla cava, e anche di notte, talora, quando il maestro si addormentava del suo sonno agitato, scivolava adagio fuori della tenda e si incamminava verso la pietraia, rischiarando i suoi passi con la luce di una torcia.

Quel braccio bianco, dalla linea morbida e gentile, quel gesto che ogni volta sperava invano di rivedere, acquistavano nella sua mente un'importanza sempre più grande, la invadevano tutta.

Spesso si proponeva di parlarne al maestro, ma sempre desisteva. Il vecchio non avrebbe capito, abituato com'era a vivere in mezzo alla pietra, pietra egli stesso, con quel volto scavato dal tempo. Non poteva conoscere la dolcezza delle cose caduche, il gesto struggente, d'addio, con cui si rivolgono al nostro cuore, e il fascino incomparabile della bellezza che fiorisce da sola, senza fatica.

Invano Mur la cercava nel giardino sotterraneo, nella flora scolpita, negli animali di marmo. Ogni cosa laggiù gli sembrava ormai rigida, priva di vita, e lo splendore delle gemme, incastonate nella roccia per durare nei secoli, non era che l'eco remota di quello breve e improvviso che gli era apparso alla finestra.

La maestà immobile del giardino lo sgomentava. Lo sgomentava il giuramento della scuola, che l'aveva votato al servizio dei morti, e la solitudine della sua arte, condannata a fiorire al buio, lontano dagli uomini e da quell'immagine fugace che forse avrebbe potuto fissare, incidere per sempre nella pietra.

E una notte, mentre il maestro dormiva, scese silenziosamente nella caverna, prese il suo scalpello, e con esso si avviò verso la pietraia.

Scelse una parete di roccia chiara, che si levava proprio di fronte alla casa, e lentamente, alla luce della torcia, iniziò a scolpire la forma del braccio.

All'alba, tornando alla cava, trovò il maestro che lo attendeva corrucciato.

— Da dove vieni? — gli chiese.

— Sono stato a passeggiare, come al solito. Vi ho già detto, mi pare, che da qualche tempo soffro di malinconie improvvise. A volte mi assalgono anche di notte, mi impediscono di dormire, e bisogna che cammini, per vincere l'oppressione.

— E il tuo scalpello? Soffre anch'esso di malinconia?

Il giovane impallidì. Trasse lo strumento dalle pieghe del mantello, dove l'aveva nascosto, e lo depose ai piedi del maestro. Poi rimase muto, a capo chino, aspettando angosciato che l'altro parlasse.

La voce del vecchio era velata, lontana. Pareva che articolare le parole gli costasse grande fatica.

— Dimmi, sei venuto meno al giuramento? Hai scolpito per i vivi, alla superficie?

— Maestro, lasciate che vi spieghi...

— Sei venuto meno al giuramento?

Mur alzò gli occhi, e annuì gravemente.

Il vecchio meditò a lungo, in silenzio. Quando parlò di nuovo la sua voce era severa, ma pacata. — Bene. Questo significa che hai affidato al mondo di lassù le tue speranze di gloria.

— Maestro, una speranza soltanto mi lega al mondo di lassù...

— Non la voglio sapere — ribatté il vecchio seccamente. — Hai mancato al giuramento, e dunque non fai più parte della scuola.

Nell'udire queste parole, un'ira profonda si impadronì del cuore di Mur. — Voi non sapete nulla, non volete sapere. Dite sacra questa vostra arte spenta, senza luce, che reca impressa in ogni tratto la rigidità della morte. Ma anche lassù vi è del sacro, in quel mondo che voi rinnegate.

— Tu t'illudi, ragazzo. Vai in cerca di un compenso dove non lo potrai mai trovare. E poi, se sei tanto sicuro di aver ragione, perché nascondesti lo scalpello? Perché mi celasti sempre il motivo per cui ti allontanavi?

— Perché voi, maestro, mi avete insegnato molte cose, ma non le parole capaci di dire quel motivo.

Troppo a lungo aveva taciuto, e adesso parlava rapido, infervorato, senza quasi avvedersi dell'espressione che si era dipinta sul volto del vecchio, a metà fra lo sdegno e il dolore.

— Al mondo vi sono cose che voi non conoscete. Cose che fuggono, che invitano, che non si lasciano fissare.

"Vi è una potenza, maestro, che io non so nominarvi. Sua è la bellezza che rifulge nei corpi, e la luce cui ogni sguardo si affida. Si avvicina benigna, adorna di tutte le gioie, eppure infonde nel cuore uno sgomento indicibile."

Il vecchio levò una mano. — Non profanare le parole sacre — disse, e faticava a contenere il tremito della voce. — Obbedisci, se così ti piace, a questa tua arcana potenza, ma lontano di qui, lontano dalla scuola che hai tradito.

Gli volse le spalle, e si avviò verso la caverna.

Mur seguì con lo sguardo quella figura solitaria, che scendeva nel grembo della terra sorreggendosi alle pareti rocciose, e pensò con tristezza all'antica scuola, che sarebbe finita insieme con il maestro. Poi si incamminò in direzione della casa.

Per la prima volta le rupi scoscese che fiancheggiavano il sentiero gli apparvero ostili, minacciose, come se tradendo la scuola egli avesse offeso l'anima stessa della pietra, e dovesse ora temerne la vendetta.

Non si domandava chi avesse ragione, se lui o il vecchio. Sentiva di muoversi in una sfera necessaria, sottratta per sua natura al diritto e al torto. Sentiva che la sua ribellione era obbedienza, e fedeltà il tradimento che aveva commesso.

Non aveva scelto lui di passare sotto quella finestra, proprio allora, quando le gelosie si erano aperte, né di tornarvi, un giorno dopo l'altro. Il ricordo di quel gesto fugace lo soggiogava, lo attirava a sé, ed egli seguiva il cammino che per lui era stato tracciato, docilmente, come i pianeti seguono le loro orbite.

Lavorò fino a sera a modellare il braccio, e cercava di infondervi tutta la bellezza di quel gesto. Una bellezza inafferrabile, diversa da quella che aveva imparato a conoscere nel giardino sotterraneo. Una bellezza che appariva e spariva, che sfiorava appena le cose, senza motivo, come la grazia di un dio, e senza motivo se ne ritraeva, lasciandole vuote ed opache.

Spesso Mur deponeva lo scalpello, disperando di riuscire mai a ricrearla nella pietra. Tutto doveva essere più morbido, più lieve, ed egli smussava gli angoli, ingentiliva le linee, levigava sapientemente le superfici sino a condurle a un equilibrio perfetto fra l'ombra e la luce, che dava profondità alla scultura, e l'animava di un movimento trattenuto, di una stasi irrequieta.

Anche lì, nell'immobilità della pietra, il braccio pareva sul punto di scomparire, inghiottito dalla propria ombra, o pareva che dall'ombra affiorasse, concedendo di sé il breve bagliore di un biancheggiare improvviso.

Mur rimase a contemplare la sua opera, mentre i colori del tramonto lambivano la pietraia, e il sole si inabissava dietro alle colline. Quasi temeva che l'immagine scolpita svanisse d'un tratto, come la prima sera era svanito il suo modello.

Si volse verso la casa. Da una finestra filtrava una striscia di luce, sottile come una lama.

Mur trattenne il respiro. Il braccio bianco si insinuò fra le gelosie appena socchiuse, e lentamente le spalancò, scoprendo, nel vano illuminato della finestra, un volto di donna.

Dapprima vide soltanto gli occhi, che erano scuri e profondi. Poi distinse un ovale chiarissimo, incorniciato da una chioma bruna che ricadeva ai lati, liscia e cangiante come un drappo di velluto.

La donna si affacciò, sporgendo il capo, ed egli vide la linea del collo, lunga e flessuosa, che dolcemente si perdeva in quella morbida delle spalle; più in basso s'intuiva appena la forma del seno, sommersa dall'ombra del davanzale.

Lo guardava in silenzio, e neppure lui osò parlare. Ma gli parve che quegli occhi lo invitassero, gli chiedessero di avvicinarsi, e timidamente mosse qualche passo in direzione della finestra.

Subito le gelosie si richiusero, e la casa ripiombò nel buio. Mur si allontanò, camminando fra i sassi, e continuava a pensare a quell'ovale perfetto, alla dolcezza di quello sguardo.

Trovò una piccola grotta, poco distante dalla pietraia, e la scelse come rifugio per la notte. Il terreno era soffice, coperto di muschio; vi si distese e chiuse gli occhi.

Nel dormiveglia gli apparve la figura del suo vecchio maestro, dapprima severa, poi sempre più malinconica, ma gradualmente sbiadì, fino a svanire del tutto. L'immagine della donna reclamava per sé ogni pensiero.

Si domandava se ella lo avesse davvero guardato, se davvero lo avesse visto, mentre volgeva alle tenebre quei suoi occhi neri e intensi. Forse lo sguardo dolce, invitante, si era posato per caso su di lui, forse non si era neppure accorta della sua presenza, prima che egli osasse avvicinarsi.

Ma perché, allora, si era affacciata proprio quella sera, quando il braccio era stato ultimato? Che cosa poteva significare, il suo sguardo, se non un modo discreto per ricompensarlo, per dirgli la sua approvazione?

Continuando a scolpire la figura, avrebbe forse ottenuto altri premi, altri compensi. Le gelosie si sarebbero nuovamente dischiuse, e forse un giorno anche la porta. Ripensò alla scala ripida, agli stretti gradini che conducevano nel buio, e immaginò che lassù, in quell'oscurità, lo attendesse una gioia indicibile.

Il mattino dopo si alzò all'alba e tornò nella pietraia.

Proseguì fino alla spalla la linea del braccio, poi scolpì il collo delicato, e il giorno successivo i contorni del viso, e quello appresso scolpì i capelli: due superfici lisce che scendevano diritte, perpendicolari al terreno, e terminavano con un taglio nettissimo.

Lavorava di buona lena, dall'aurora al tramonto, e immaginava che la donna lo osservasse da dietro le gelosie.

Ma quando giunse il momento di scolpire i tratti del viso, Mur non seppe più continuare. Troppo lontana gli era apparsa la donna, troppo confusa la sua immagine. Di quel volto aveva visto soltanto gli occhi, e neppure la loro forma, ma soltanto il colore, e la luce che li animava.

Scoraggiato depose lo scalpello, e andò a sedersi su un masso, proprio di fronte alla finestra. Guardava in su, con aria supplichevole, sperando di indurre la donna a mostrarsi di nuovo.

Mentre così sedeva, una figura vestita di nero comparve al limite estremo della pietraia, e prese ad avanzare verso di lui. Spiccava nitida sulla sabbia chiara, e Mur riconobbe il lungo mantello dei mendicanti. L'uomo camminava adagio, sorreggendosi a un bastone; ogni suo passo pareva voler tornare su se stesso, disegnando uno strano movimento di danza.

— Signore — disse lo storpio quando fu vicino — se avete cari gli dei, concedete a me derelitto qualche moneta d'argento, poiché non ho pane con cui sfamarmi, né tetto che mi ripari.

— Non ho nulla, buon uomo: né monete d'argento, né monete d'oro, e neppure del pane, che volentieri dividerei con te.

Il mendicante sedette sul masso accanto a lui. — Strano, mi parevi un signore, e invece sei più povero di me. Però non porti il mantello della carità, quindi devi essere un servo di questa casa. Dimmi, chi ci abita? È gente di mano larga?

— La casa è vuota — rispose Mur bruscamente. — Non vi abita nessuno.

— Ma che ci fai, allora, in questo luogo sperduto? Di cosa campi?

— C'è una macchia di cespugli, dietro la collina: l'avrai vista, se vieni dal sentiero. Là crescono bacche selvatiche, e anche le foglie si possono mangiare, quando non sono troppo secche.

L'uomo scosse il capo. — Non si può vivere di foglie e di bacche selvatiche.— Dalle pieghe del mantello trasse una forma di pane, la spezzò e ne offrì una parte a Mur.

— Grama esistenza, la nostra — disse mentre mangiavano. — Se penso a tutta la ricchezza che c'è su questa terra... Ma nulla, ormai, è senza padrone, né sopra né sotto: ciò che non appartiene ai vivi appartiene ai morti, e non si può toccarlo.

— Che ne sai, tu, dei tesori dei morti?

Il mendicante si avvicinò ancora di più al suo compagno, e prima di parlare lanciò tutt'intorno un'occhiata circospetta.

— Non lontano di qui — disse infine sottovoce — c'è una caverna, un luogo sacro. Oro e argento vi sono accumulati, smeraldi e rubini in gran quantità, e tutto per il piacere dei morti, mentre a noi vivi tocca patire la fame.

— Sì, ne ho sentito parlare.

— Un vecchio soltanto faceva la guardia al tesoro, ma proprio ieri ha chiuso gli occhi, sicché tutta quella magnificenza se ne sta là incustodita, e chi avesse il coraggio di scendere e di raccogliere qualche pietruzza, potrebbe fare la vita del signore per il resto dei suoi giorni.

Poiché Mur lo fissava senza parlare, lo storpio si affrettò ad aggiungere: — Io l'ho detto così, tanto per stare un po' allegri mentre mangiamo, ma tu non ficcarti in capo idee balzane: i morti sono cattivi, e gelosi delle loro ricchezze.

Il giovane, adesso, gli volgeva le spalle. — Buon uomo — disse con voce velata — ti ringrazio del pane che mi hai dato. Ma ora va', ti prego, lasciami solo.

— La gratitudine, a te, non l'ha insegnata nessuno — esclamò il mendicante, e si rialzò a fatica appoggiandosi al bastone. — Prima mangi alle mie spalle, e poi, quando ti sei rimpinzato per bene, scopri che la mia compagnia ti è venuta a noia. E pensare che mi facevi pena, e avevo quasi deciso di lasciarti una moneta d'argento...

Con gli occhi colmi di lacrime Mur guardò la nera figura che si allontanava per la pietraia.

Al calare del sole sedeva ancora sul masso. Gli tornavano alla mente le ultime, aspre parole che il maestro gli aveva rivolto, ma più straziante era il ricordo di quelle affettuose, pronunciate nei lunghi anni di confidenza.

Tornavano ora tutte insieme, si accavallavano nella memoria, sfuggivano all'ordine con cui si erano succedute nel tempo per comporne uno nuovo, fatto di echi e assonanze, ed egli si rivedeva bambino, e poi uomo fatto, e poi di nuovo bambino; il suo passato gli appariva simile al giardino sotterraneo, i cui sentieri di ghiaia si potevano percorrere in ogni direzione. Un vasto giardino, dove i giorni giacevano l'uno accanto all'altro, ma tutti erano ormai inaccessibili, tutti ugualmente remoti, perché la morte del vecchio aveva chiuso per sempre l'imbocco della caverna.

Così Mur andò frugando per ore fra quei giorni, che gli appartenevano e non gli appartenevano, finché la sua mente fu esausta, e vuota di ogni pensiero.

Proprio allora le gelosie si aprirono, e la donna si affacciò alla finestra.

Dapprincipio non volle guardarla. Gli pareva di doversi imporre questo sacrificio, per onorare la memoria del suo maestro. Aspettava, a capo chino, che la luce sparisse.

Ma la finestra restava aperta, ed egli sentiva su di sé lo sguardo della donna.

Era vicina, questa volta, pochi metri separavano il masso dalla casa. Gli sarebbe bastato alzare gli occhi per vedere il suo viso in ogni dettaglio. Era così vicina, che gli sembrava di poter avvertire il suo respiro, di poterle persino sfiorare una mano, se soltanto avesse voluto, se fosse riuscito a scacciare il pensiero del vecchio.

Infine non seppe più resistere, e sollevò lo sguardo.

Allora, per la prima volta, vide i lineamenti della donna. Vide il naso sottile, e le labbra vermiglie che non sorridevano, ma serbavano composte la perfezione del loro disegno. Vide la fronte nobile, e l'arcata lieve delle sopracciglia, e gli occhi dalla forma oblunga, dove risplendeva quel bagliore intenso, che soggiogava.

Non v'era altro cui valesse la pena di pensare, nulla da ricordare. Vi era solo quella finestra illuminata, sospesa come una luna fra cielo e terra, e la promessa che racchiudeva.

Lavorò a lungo per scolpire i lineamenti. La mattina, quando tornava nella pietraia, trovava sempre un fiore deposto ai piedi della parete, una ginestra, o un croco, o un fiore d'acacia; li raccoglieva, lanciando verso la finestra chiusa uno sguardo di gratitudine, e li custodiva nella caverna, gelosamente, scavando per ciascuno una piccola nicchia dove incideva la data e una lettera strana, di sua invenzione, che simboleggiava il suo amore, o l'oggetto di esso, o entrambe quelle cose fra cui era così difficile distinguere.

Conservava i fiori con estrema cura, li faceva seccare in modo che i petali non si staccassero, e immaginava di condurre un giorno la donna a visitare quel santuario della sua passione. Ma soprattutto la immaginava, ogni notte, uscire furtiva dalla casa, mentre egli dormiva, e vagare fra gli arbusti, scegliendo per lui quei piccoli pegni dal pregio infinito.

A volte meditò di sorprenderla durante una delle sue passeggiate notturne, ma sempre vi rinunciò. — Quando la scultura sarà finita — pensava — sarà lei stessa ad avvicinarsi.

Lavorava alacremente, e ogni colpo di scalpello gli pareva una maglia della rete con cui avrebbe avvinto a sé la donna amata.

Quando i tratti del viso furono perfettamente rifiniti, pensò di colorarli. Si ricordò di un mercante, che un tempo il suo maestro gli aveva fatto conoscere, e teneva in città una bottega dove le donne si recavano a comprare unguenti per il corpo, profumi, e polveri per dipingersi il volto. Anche amuleti vendeva, e filtri di morte e d'amore, e resine dense da bruciare nelle notti di luna, per propiziarsi gli dei con il fumo sacro.

Mur si recò dunque alla bottega del mercante, e lo supplicò di donargli del bistro e del cinabro.

L'uomo trasse dagli scaffali due boccette di vetro, che contenevano l'una una polvere nera, l'altra una sostanza dura, di colore vermiglio.

Il giovane lo ringraziò, e subito ritornò alla casa.

Con un sasso frantumò il cinabro in piccoli pezzi, che diluì nell'acqua, formando una pasta densa. Vi intinse le dita, e le passò sulle labbra di pietra, seguendone con precisione i contorni, finché non furono tutte coperte di una patina lucente, di un rosso lievemente aranciato.

Poi prese il bistro e colorò di nero i lunghi occhi, disegnando anche le ciglia, una per una, e ombreggiò le palpebre con uno strato più leggero, che lasciava trasparire qualcosa della chiarità della pietra.

Il volto era ormai compiuto, perfetto, e Mur attese la sera, sicuro che la donna si sarebbe affacciata. O forse si sarebbe infine decisa a scendere, a mostrarsi interamente, per consentirgli di ultimare il rilievo.

Ma non scese, non si affacciò neppure, ed egli andò a coricarsi deluso.

Il mattino dopo ai piedi della parete non trovò nessun fiore.

Sedeva nella pietraia, domandandosi in che cosa avesse scontentato la donna, quando vide la figura nera del mendicante.

— Sei ancora qui? — disse lo storpio avvicinandosi. — Non ti sei stancato di mangiare foglie e bacche selvatiche?

Il giovane gli rivolse uno sguardo malinconico. — Perdona, buon uomo, non è che io ce l'abbia con te, ma nemmeno oggi ho voglia di conversare.

— È perché non hai denaro che sei così triste? Certo, non ne avrai mai, finché rimani in questo posto deserto. Vieni con me in città, ti insegnerò a mendicare.

— Non è per il denaro.

— Allora è una donna. Sei innamorato?

Mur annuì.

— Eh, l'amore è una gran brutta faccenda, specie quando si è giovani e non si sa come vanno trattate le femmine. — Così disse il mendicante, scuotendo il capo, poi prese a canticchiare un motivo in falsetto:

"Dolce è il succo dell'uva, ma più dolce è giacere
fra le tue braccia morbide, sopra il tuo bianco seno,
quando i tuoi occhi splendono come due stelle nere..."

— Cosa? — lo interruppe Mur bruscamente. — Che hai detto?

— Non la conosci? È una vecchia ballata, che si canta in tutte le taverne. Stai a sentire come continua.

Ma egli non lo ascoltava. Aveva capito, all'improvviso, quale follia fosse stata pretendere che la donna riconoscesse la lucentezza del proprio sguardo in quei globi di pietra, nel nero opaco del bistro. Ben altro sarebbe occorso per riprodurne l'immagine: due gemme rare, preziose, dall'acqua profonda.

Gli tornò in mente la cerva bianca, che giaceva nella grotta abbandonata, con i diamanti neri incastonati nelle occhiaie di marmo.

"...Lascia aperta la porta, che io possa salire,
e gli uomini e gli dei per te saprò tradire..."

Mur si alzò, e traversò veloce la pietraia. Il canto dello storpio gli giungeva sempre più lontano.

Qualcuno aveva seppellito il maestro sotto un tumulo di argilla. Mur sostò a lungo dinanzi a quella povera tomba, nella luce immobile del mezzogiorno, e già provava rimorso per l'atto che pure avrebbe compiuto.

Non temeva l'ira dei morti, né l'ombra del vecchio che forse ancora vagava in quel luogo solitario, poiché un'altra potenza lo proteggeva, quella dolce e terribile che abitava nello sguardo della donna.

Scese dunque nella caverna, e la grande cerva accovacciata gli si parò subito davanti, quasi che il maestro avesse voluto affidare la custodia del giardino alla sua ultima, incompiuta creatura.

Il blocco di marmo era appena sgrossato. Solo le zampe anteriori erano state scolpite, e il muso malinconico dove splendevano i grandi occhi neri.

Il giovane cavò i due diamanti dalle orbite della statua, e

subito fu assalito da una profonda pietà. Con quelle occhiaie vuote, il volto dell'animale era diventato ancora più triste, e a Mur parve che da tutto il mondo sotterraneo si levasse un lamento lungo, desolato.

Pensò al corteo dei morti, al maestro, alla scuola, pensò ai vincoli sacri che aveva infranto, al giuramento violato. Ma i diamanti neri che stringeva nel pugno erano gli occhi della sua donna, e doveva portarli via con sé, ad ogni costo.

Risalì in fretta alla superficie. I raggi del sole lo rincuorarono, allontanando il rimorso dalla sua mente.

Quando giunse di nuovo alla pietraia la luce del giorno si stava attenuando, e le ombre delle rupi si allungavano, dipingendo sulla sabbia strane figure.

Si mise subito al lavoro, per finire prima di sera. Con lo scalpello scavò due fori rotondi nelle iridi, e vi incastonò i diamanti.

Adesso gli occhi dell'effigie luccicavano come due stelle nere, ed egli li guardava affascinato, e si smarriva nel loro bagliore come in un giardino segreto a cui nessun altro potesse accedere.

Il sole calò senza che Mur se ne accorgesse, assorto com'era in quella contemplazione, e dapprima non si accorse neppure dell'altra luce, che si era accesa alle sue spalle.

Se ne avvide di colpo, e volgendosi scorse la figura della donna, ritta di fronte a lui nel vano illuminato della porta, che gli si mostrava intera, ammantata di un velo.

Gli parve di essere stato risvegliato da un sogno per cader preda di un altro, ancora più dolce.

Concentrava la sua memoria su quella breve apparizione, fissandone ogni minimo dettaglio, e attendeva con impazienza che il sole tornasse a levarsi.

Al sorgere della prima luce riprese lo scalpello. Lavorò fino a sera, e continuò anche di notte, al lume della torcia, avvinto da quel gioco sinuoso di forme che la sua mano pazientemente ricreava, combattendo contro l'anima rigida della pietra per strapparle un presagio di movimento, un lieve pulsare di vita.

Le pieghe del velo s'intrecciavano e si scioglievano, svelando ora la curva armoniosa di un fianco, ora un ginocchio, ora un seno ben tornito; si diradavano sul ventre, scoprendone la superficie levigata, per poi infittirsi in un ricco panneggio, i cui lembi sfumavano nella parete rocciosa. Ad ogni sguardo sembrava che la figura emergesse proprio allora dalla morta materia, e la sua era l'eternità di un istante, fugace come un battito d'ala ma destinato a ripetersi all'infinito.

Nella mente di Mur la donna si confondeva sempre più con la sua immagine scolpita, faceva tutt'uno con essa, e gli pareva che come questa anche l'altra fosse ormai cosa sua. Gli pareva di essere già stato fra quelle braccia, di conoscerne la morbidezza, e se sfiorava con le dita il seno bianco dell'effigie, era la donna stessa che gli si concedeva, vinta da quel sortilegio di pietra.

La porta aperta nella notte, la scala dai gradini stretti che avrebbe salito, tutto era già lì, fissato per sempre nella roccia, in quell'immagine che incarnava il desiderio e insieme il suo appagamento, che era speranza e realtà, aspirazione e possesso.

D'impulso prese di nuovo lo scalpello, e abbozzò sulla parete una figura d'uomo, a cui diede i propri lineamenti. Gli scolpì un braccio in modo che toccasse quello della donna, leggermente sollevato, e unì la sua mano alla mano di lei.

Depose lo strumento in un angolo della pietraia, e prima di allontanarsi rimase a lungo a contemplare le due membra di pietra, che dolcemente digradavano l'una verso l'altra, e incontrandosi si intrecciavano in un nodo insolubile.

Il resto della notte lo trascorse disteso sul muschio della grotta, immerso in un vago torpore, e risentiva nell'orecchio la ballata dello storpio. I fiori secchi avevano magicamente riacquistato tutti i loro profumi, e gli sembrava che quegli effluvi fossero tornati per celebrare in suo onore una festa d'addio; poiché l'indomani egli avrebbe certo lasciato per sempre la caverna, invitato dalla donna, accolto infine nell'oscurità della sua casa.

Si andava figurando quell'incontro in mille modi diversi. A volte era lui a salire la scala, varcando la porta finalmente dischiusa, a volte invece la donna lo attendeva nella pietraia, in piedi di fronte alla scultura, e sorridendo gli porgeva la mano, e così rimanevano, l'uno accanto all'altra, con le dita intrecciate, come le due effigi sulla parete.

Lentamente venne il sonno, e in esso dileguarono i profumi dei fiori, e i suoni, e i versi, e le immagini vaghe.

Il mattino dopo, tornando alla pietraia, Mur non trovò il suo scalpello dove l'aveva lasciato.

Lo vide di lontano, ai piedi del rilievo, e si avvicinò col cuore in gola, pensando che la donna avesse voluto incidere per lui, sulla parete, un messaggio d'amore.

Ma nessun messaggio era stato inciso, e le braccia che univano le due figure erano state troncate a colpi netti, precisi. L'uomo di pietra se ne stava solo, in un angolo della parete, separato per sempre dalla sua compagna.

Mur rimase per ore, inebetito, davanti alla scultura. Insieme con le braccia, e con le sue speranze, si era spezzato quel legame misterioso che univa la vita alla pietra, la donna alla sua immagine. Si era spezzato l'incantesimo con cui egli aveva creduto di poter infondere nella roccia la levità di ciò che è caduco, e costringere la caducità in un vincolo eterno.

Guardava l'effigie, pensava alla donna, e l'una gli appariva rigida e spenta, l'altra infinitamente lontana.

Con un moto di rabbia strappò i diamanti neri dalle orbite di pietra. Non gli rimaneva più nulla da fare in quel luogo, accanto a quel simulacro di vita, nulla da attendere sotto le finestre della casa, inesorabilmente chiuse.

Si pentì di aver indossato il mantello della carità, di aver mendicato il suo compenso nel mondo dei vivi, violando il giuramento, rinnegando la santità di quell'arte che fioriva pura nel ventre della terra, senza cercare altro sguardo che quello dei morti.

Voleva tornare laggiù, nel mondo immobile, pago di se stesso e della sua perfezione nascosta, e là seppellire il proprio desiderio, sotto le volte di pietra, e annegare la delusione nell'acqua lucida delle fontane sotterranee.

Voleva incastonare i diamanti nelle orbite bianche della cerva a cui li aveva sottratti, e completare l'opera del suo maestro, un giorno dopo l'altro, nel silenzio e nel buio.

Si mise in cammino, e quando fu sul sentiero si volse per l'ultima volta a guardare la casa, e la pietraia vasta e desolata, e la donna senza sguardo scolpita nella parete rocciosa. Gli parve che un'identica solitudine regnasse dovunque, sopra e sotto la terra.

IL GIGANTE

20 maggio

Il viaggio è stato lungo, ma non faticoso. Il piccolo Ottaviano ha dormito tutto il tempo, rannicchiato sul sedile della carrozza, il capo poggiato sulle ginocchia di Adele.

Parlavamo piano, per non destarlo. Lei sembrava inquieta, e spesso mi domandava notizie del prigioniero, ma io non rammentavo altro che certe voci udite da bambino. Voci confuse, reticenti, di cui a lungo s'era nutrita la mia fantasia puerile, componendole in un'immagine vaga e terribile.

La campagna intorno si andava facendo più desolata, e più rari i villaggi. La serena geometria dei campi e dei vigneti cedeva il posto a una brughiera che ammantava le ondulazioni del terreno di un verde grigiastro, qua e là interrotto dal viola polveroso dell'erica. Su tutto giocava il sole tiepido di primavera, velato appena da qualche nube.

Infine anche la brughiera disparve, e ci trovammo ai margini di un immenso quadrilatero di terra battuta. Al centro sorgeva la prigione. Ne vedevamo soltanto la facciata, un lungo muro cieco, di mattoni rossi, sormontato ai lati da due torri di guardia.

Il volto di Adele si oscurò. — Dev'essersi macchiato di colpe atroci, per meritare un tale castigo.

Queste parole ridestarono Ottaviano, che subito si levò

in ginocchio sul sedile, e prese a osservare dal finestrino le figure lontane dei soldati che pattugliavano la zona. Anch'io osservavo, compiaciuto, la precisione quasi meccanica dei loro movimenti, e mi figuravo che sarebbe stato un compito lieve comandare uomini così bene addestrati.

Un drappello a cavallo ci venne incontro e ci scortò fino al carcere. Varcammo il grande portone dai battenti di ferro, che subito si richiuse alle nostre spalle, e ci trovammo in un ampio cortile rettangolare.

Scendemmo dalla carrozza. I soldati scaricavano i pochi bagagli che avevamo portato con noi, e li ammassavano dinanzi a una porta che si apriva su uno dei lati più corti dell'edificio, a sinistra rispetto alla facciata. Notai che il lato destro, al pianterreno, era completamente murato, mentre le finestre del piano di sopra erano chiuse da grosse sbarre di ferro, e avevano vetri smerigliati che celavano l'interno.

— È là? — chiesi a uno dei soldati.

— Sì. Proprio di fronte all'alloggio dei signori.

— Da alcune stanze potremo dunque vedere la prigione.

— Da tutte, signore. Nell'edificio non vi sono finestre che guardino all'esterno.

Adele posò una mano sul mio braccio. Preceduti dal soldato varcammo la porta del lato sinistro, e salimmo la scala che conduce al nostro quartiere.

Esso è composto di alcune stanze, fra cui un grande salone, disposte in fila e collegate sul retro da un corridoio lunghissimo. Tutte si affacciano sul cortile, come aveva detto il soldato, esattamente di fronte alle finestre del prigioniero.

Ottaviano si divertiva a correre dall'una all'altra, mentre Adele osservava spaurita quegli ambienti vuoti, dall'architettura severa, dove erano state collocate tre brande da campo, insieme con un vecchio tavolo e qualche sedia scompagnata.

— Non temere — le dissi. — Quando arriveranno i nostri mobili, questo posto assumerà un altro aspetto.

Si guardò intorno. La sua espressione si era fatta attenta, indagatrice. — Il pianoforte lo sistemeremo qui, nel salone...

La seguii mentre passava in rassegna le stanze. A me parevano perfettamente identiche, ma Adele, basandosi forse su segni reconditi che a lei sola era dato ravvisare, stabiliva con assoluta sicurezza quale sarebbe stata il mio studio, quale la camera da letto, quale ancora la stanza degli ospiti, "per quando verrà la cugina Teresa col marito". E non so come, quei progetti così definiti, le immagini vivide di cui la sua fantasia andava rivestendo gli ambienti, riuscirono a comunicarsi anche a me, al punto che vedevo ogni cosa come se già fosse stata realizzata, e quel luogo spoglio ed estraneo si mutava a poco a poco nel più accogliente dei paesaggi domestici.

Al calar della sera Adele e Ottaviano, esausti, si sono coricati, ed io sono rimasto solo nel salone. Dalle finestre di fronte giungeva un tenue chiarore.

Ho suonato il campanello, e dopo qualche istante è comparso un soldato: un giovane dall'aria timida, il cui volto roseo di contadino, sopra l'uniforme, produceva un'impressione incongrua.

Gli ho ordinato di portarmi carta e penna, e al suo ritorno, seduto al vecchio tavolo, ho scritto una breve lettera per salutare il prigioniero e informarlo che da oggi egli è affidato alla mia custodia. Quindi l'ho consegnata al soldato perché la recapitasse.

Mi è appena giunta la risposta, se tale può dirsi. Una riga soltanto, senza firma, vergata in grossi caratteri da una mano indebolita: "C'è ancora un mondo, là fuori?"

25 maggio

Ho visitato l'intero edificio, o meglio ciò che di esso si può visitare. La facciata ospita gli uffici, le cucine e gli alloggi dei soldati, mentre al pianterreno del lato opposto sono situate le scuderie. Una scala conduce al primo piano, una serie di dodici stanze vuote, ciascuna delle quali ha una porta di ferro serrata all'esterno da un grosso chiavistello. L'ultima porta immette nella prigione vera e propria, ed è chiusa con dei sigilli. Accanto a essa vi è una ruota, di quelle che s'adoperano nei conventi, e i soldati la usano per passare al prigioniero il cibo, e l'acqua, e quant'altro gli occorre. Pare che nessuno abbia mai udito la sua voce.

Le finestre della prigione sono simili alle nostre, lunghi rettangoli sormontati ciascuno da una lunetta, ma a differenza delle nostre non si possono aprire, e non consentono a noi di guardare dentro, né al detenuto di guardare fuori. Per cambiare l'aria, o nelle giornate calde, egli può aprire le lunette, servendosi di un lungo bastone in cima al quale è stato fissato un uncino. Da decenni vive così, invisibile, segregato in quelle stanze.

Il carro non è ancora arrivato, e Adele ha nostalgia delle sue cose, specie del pianoforte. Deve badare da sola all'andamento domestico, senza l'aiuto di Angelica, e mal sopporta questa fatica a cui non è avvezza. Non dice nulla, non si lamenta, ma un'ombra malinconica le vela spesso lo sguardo.

La cosa non mi soprende: il nostro quartiere, senza mobili, somiglia, più che a una casa, alle tetre camerate dove alloggiano gli uomini. Fuori poi non c'è che la vista monotona del cortile, traversato ogni tanto dal passo regolare dei soldati, o dal battito, regolare anch'esso, degli zoccoli dei cavalli. Nulla che ingentilisca le linee severe dell'edificio, che mitighi il rigore della sua simmetria. Né ho io il tempo, come vorrei, di condurre Adele a passeggio, oltre la spianata, lungo i sentieri che solcano la brughiera, o in uno di quei villaggi dei dintorni che all'arrivo mi erano parsi così vicini.

Di notte, a volte, mi sveglio di soprassalto, e vedo Adele seduta sulla sua branda, gli occhi fissi nella penombra. Mi sorride, io le sorrido, e mi tornano in mente le parole del prigioniero: "C'è ancora un mondo, là fuori?"

28 maggio

Lunedì il carro è finalmente arrivato, recandoci, insieme con i mobili, la nostra brava Angelica.

I cavalli non si erano ancora fermati che lei balzò a terra e corse accanto alla padrona. — Ah, signora — disse afferrandole le mani — dobbiamo proprio abitare qui, con quel demonio? Non si stava meglio dove eravamo?

Adele sorrise, e cercò di rassicurarla, ma ogni sforzo fu vano: la donna pareva davvero spaventata a morte all'idea di abitare "con quel demonio", di cui, sono pronto a scommettere, non sa in realtà assolutamente nulla.

— È un brutto posto, signora — seguitava a ripetere. — Se fossi nei panni del capitano, chiederei subito il trasferimento.

— Gli uomini hanno le loro ragioni, Angelica, che non sempre possiamo comprendere.

— Sì, signora, ma se permette, noi pure abbiamo le nostre. Una creatura come Lei, così giovane, così delicata, costretta a vivere in questo deserto, lontano da tutto...

— Per me non devi angustiarti: sono contenta, credi, e presto ti abituerai anche tu. Vieni, ti mostro il nostro quartiere.

Rimasi a osservare la figura gentile di Adele, che saliva le scale seguita dalla domestica. Mi domando se davvero ho fatto bene a condurla in questo luogo, a separarla così bruscamente dalle amiche, dai concerti, dalle mille consuetudini piccole e grandi che formano la vita di una donna. "Sono contenta," dice, e invece ne ha nostalgia, poiché se così non fosse non attenderebbe con tanta impazienza la visita di Teresa. Le ragioni degli uomini, poi, le mie, quelle dei miei superiori, viste da quaggiù, da questa solitudine, mi appaiono remote, incomprensibili, come le melodie che Adele accenna sul pianoforte, la sera, nel grande salone. Non so più, all'improvviso, perché sono venuto, che cosa mi abbia indotto ad accettare il trasferimento. Non so dove mi trovo, né chi sia il prigioniero invisibile che custodisco. Gli ho mandato altri biglietti, ma non ho ottenuto risposta, e senza quella breve frase giuntami la prima sera mi chiederei forse se davvero vi sia qualcuno dietro le finestre sbarrate, se vi sia un uomo, o soltanto un incubo dimenticato delle mie notti d'infanzia.

Di lui è impossibile sapere qualcosa. Invano ho interrogato i soldati, invano ho frugato gli archivi del carcere in cerca del nome, o di un ritratto: nulla è riportato di quanto avvenne allora, nell'età burrascosa che precedette la sua cattura, e i documenti e i rapporti lo citano soltanto come "il prigioniero". Una formula vaga, astratta, che tuttavia ha già assunto ai miei occhi una strana precisione, una concretezza che non saprei definire.

"Il prigioniero", o "Egli", o "Colui", è il centro nascosto intorno al quale è stato eretto questo enorme edificio. Costruito per lui, è destinato ad esser distrutto il giorno della sua morte. Quel giorno i sigilli verranno infine levati, la porta aperta, e i presenti potranno vedere il cadavere.

La sera, a volte, senza motivo, percorro la serie delle stanze aprendo l'uno dopo l'altro i dodici chiavistelli, fino all'uscio del prigioniero. Poi, senza motivo, ritorno indietro.

30 maggio

La giornata di oggi è trascorsa serenamente, quasi una consacrazione della nuova dimora, e le abitudini ritrovate, senza perdere nulla della loro antica dolcezza, hanno acquisito un'aura solenne. I gesti quieti di Adele, i giochi di Ottaviano, l'affaccendarsi continuo della vecchia domestica, ogni azione era una presa di possesso, che faceva nostro quell'ambiente estraneo.

Carte, stoviglie, suppellettili, molte cose sono ancora imballate nelle casse di legno, ma qua e là vi è un angolo, un dettaglio, che ci riporta alla vita consueta, e la casa che avevamo lasciato rinasce lentamente sotto i nostri occhi.

Le donne, impegnate nella sistemazione dell'alloggio, guardano sempre più di rado le finestre smerigliate del quartiere di fronte, e anch'io, quando sono con loro, dimentico per un poco la mia inquietudine.

Stamane è giunta una lettera della cugina Teresa, che conferma la sua prossima visita: verrà in luglio, accompagnata da suocera e marito. Grande contentezza di Adele.

Angelica mi ha chiesto di ordinare a un soldato di accompagnarla a far spese nel villaggio vicino. Pare che nessuno abbia gran desiderio di andare "là fuori". Ho affidato l'incarico a Gaspare, il giovane dal viso di contadino, e i due sono partiti in calesse.

Al ritorno, Angelica mi ha preso da parte. — Quel Gaspare è un tipo strano, signore. È giovane, in buona salute, e pensavo che avesse qualche ragazza al villaggio, come hanno di solito i soldati. Ma invece di andare dalla sua bella è rimasto con me tutto il tempo, attaccato alle mie sottane. Sembrava un bambino spaventato.

Alzai le spalle. Non provo un particolare interesse per Gaspare, e la sua vita amorosa mi lascia ancor più indifferente.

In complesso, dunque, una giornata tranquilla, senza avvenimenti di rilievo.

Dimenticavo di annotare una strana fantasia di Ottaviano. È venuto da noi, di notte, per informarci di aver visto a una delle finestre di fronte un gigante tutto nero, con una bestia appollaiata su una spalla. Una scimmia, sostiene, o forse un pappagallo, e per farsi meglio capire batte la piccola mano sulla spalla sinistra.

2 giugno

Vi è ancora un mondo là fuori, popolato di piante e animali, pervaso dai profumi della primavera. Ho avuto modo di constatarlo questa mattina, quando finalmente ho potuto condurre Adele e Ottaviano a passeggio per la brughiera.

A volte il bambino sottraeva la mano alla stretta della madre, e iniziava a correre e a saltare. Allora Adele accelerava il passo per raggiungerlo, la gonna leggermente rialzata, quindi lo stringeva a sé e lo sollevava tendendo in alto le braccia. Non vi è in tutto il mondo spettacolo più bello di quella sorta di danza che essi intrecciavano, inseguendosi lungo i sentieri, perdendosi e ritrovandosi, eleggendo la natura ridestata a compagna e complice dei loro giochi.

Mai Adele mi era parsa così giovane, di una giovinezza quieta, raccolta, in cui le forze vitali, anziché traboccare, si componevano in una fragile armonia. La sua grazia, la spensieratezza infantile che traspariva da ogni gesto, creavano un'impressione di caducità che non ne offuscava lo splendore, ma piuttosto lo accresceva, e la mia gioia nel contemplarla era resa ancora più dolce dalla vaga tristezza che vi si mescolava.

La immaginavo trascorrere, questa sua gioventù, come l'incanto della primavera, svanire, travolta dalla vicenda delle stagioni. Mi figuravo una chioma bianca incorniciarle il viso in luogo della bruna, ma i lineamenti, per quanti sforzi facessi, non riuscivo a immaginarli diversi, sicché ella assumeva nella mia mente l'aspetto bizzarro di una fanciulla canuta, e la vecchiaia che sentivo incombere su di lei mi appariva irreale, posticcia, come il trucco di scena di un'attrice.

Infine Adele si stancò di correre, e anche Ottaviano ansimava, le guance accese. Allora sedemmo a riposare in una radura, sopra un masso ricoperto di muschio. Il bambino si distese sull'erba ai nostri piedi, e chiese alla madre di raccontargli una storia.

— C'era una volta una fanciulla bellissima — cominciò lei — che sedeva in cima a una rupe, sulla riva di un fiume. Pettinava i suoi capelli d'oro con un pettine d'oro, e intanto cantava una canzone.

Ma Ottaviano la interruppe. — No, questa storia non mi piace. Voglio sentire quella del gigante, del gigante nero con la scimmia sulla spalla.

— Figlio mio — dissi ridendo — non vi è nessuna storia del gigante nero.

— Come? Non ha una storia?

— No, che io sappia.

Ottaviano pareva turbato. — E noi? — chiese, e la sua voce tremò lievemente. — Noi ce l'abbiamo una storia?

Poiché esitavo a rispondere, si mise a piangere a dirotto. — Non abbiamo una storia — ripeteva fra i singhiozzi, come se avesse appreso d'un tratto di appartenere a un rango inferiore nella scala degli esseri.

Adele si chinò a carezzarlo. — Non piangere — mormorò — tutti abbiamo una storia. Però non possiamo conoscere la nostra, ma soltanto quelle degli altri.

I singhiozzi di Ottaviano si facevano sempre più flebili, mentre la madre seguitava a carezzarlo. — La fanciulla pettinava i suoi capelli d'oro, e intanto cantava una canzone. Il suo canto aveva una melodia strana, misteriosa e potente...

A poco a poco, cullato dalle parole di Adele, il bambino si addormentò. Ci guardammo negli occhi e scoppiammo a ridere, ma piano, per non svegliarlo.

7 giugno

Il cielo è grigio. Una pioggia rada ma continua cade ormai da tre giorni, e non accenna a finire. La passeggiata nella brughiera mi appare già lontanissima, e così il senso di libertà che allora avevamo respirato.

Il maltempo tiene Adele rinserrata nel nostro alloggio. A volte suona il pianoforte, ma neppure la musica sembra più darle una vera gioia. Forse perché non ha nessuno con cui dividerlo, questo suo amore si trascina stancamente, come certe antiche relazioni che solo l'abitudine impedisce ormai di troncare. Suona per noia, non per passione. Le note scorrono indifferenti sotto le sue dita, e paiono obbedire alle leggi di un meccanismo cieco, privo di scopo quanto la pioggia che batte sui vetri.

Nulla cambierebbe nelle forme di un corpo, nei tratti di un volto, se l'anima che li sostiene venisse d'improvviso a mancare, e allo stesso modo nulla è mutato nelle esecuzioni di Adele. Ma l'anima se n'è andata: persino il mio orecchio profano ne avverte l'assenza, e il bambino che un tempo, quando la madre suonava, soleva interrompere i suoi svaghi per ascoltare incantato, adesso continua imperterrito a giocare, e sembra che non oda neppure il pianoforte.

Stamane, attraversando il cortile, ho guardato le finestre dei due quartieri, quello di destra e quello di sinistra, e non ho potuto fare a meno di pensare a mia moglie come alla seconda prigioniera di questo carcere.

Così non si può seguitare. Sono salito da lei e le ho proposto di andare a trascorrere una settimana da sua madre, con Ottaviano. L'ambiente cittadino le farà certo bene. Si divagherà, e al ritorno, prima che abbia il tempo di intristirsi nuovamente, giungerà a confortarla la visita di Teresa. Ma che accadrà dopo, quando Teresa sarà ripartita?

9 giugno

Il mistero del gigante con la scimmia sulla spalla è stato infine svelato. Ieri sera, mentre sedevo allo scrittoio riordinando le mie carte, per caso ho levato lo sguardo verso la finestra, e ho veduto nel quartiere di fronte, proiettata sui vetri, l'ombra del prigioniero.

È gigantesca, come afferma Ottaviano, e davvero vi è qualcosa sulla sua spalla sinistra. Ho capito subito che non si trattava di un animale esotico, ma più semplicemente di un violino. Il prigioniero stava suonando, in piedi davanti alla finestra.

Chiamai Adele, e restammo a lungo a osservare i rapidi movimenti del braccio destro. Poi vedemmo la linea nera dell'archetto staccarsi dallo strumento e sollevarsi in un istante di sospensione; tentai di immaginare l'improvviso silenzio che doveva essere calato in quella stanza, una tenebra, o forse una penombra, illuminata ancora dall'eco dell'ultima nota.

L'archetto tornò ad abbassarsi, e il moto del braccio riprese, ma lentamente. Il gomito compiva un'oscillazione continua, che faceva pensare alla regolarità del respiro, o a quella delle onde di un mare appena increspato.

Adele contemplava affascinata. — È l'adagio — mormorò a voce bassissima, quasi temesse, parlando, di turbare il dipanarsi di quella musica che non potevamo udire. Serbava un contegno attento, rispettoso, e a volte portava le mani alle tempie, come fa spesso quando ascolta un concerto. Quel gesto mi commosse profondamente nonostante la sua assurdità, o forse a causa di essa. Così accade, a chi è avvezzo a condurre la propria vita in base alle norme dettate dalla ragione, di provare, dinanzi agli atti insensati di un fanciullo o di un animale, un sentimento ambiguo, fatto per metà di compatimento, per metà di venerazione, come se esprimessero una più alta nobiltà, un'innocenza che in noi si è perduta.

Intanto il piccolo Ottaviano era entrato nella stanza, ma Adele non se ne avvide, e sobbalzò trovandoselo accanto all'improvviso.

Lo presi in braccio perché potesse guardare fuori, e gli spiegai che il gigante nero era in realtà l'ombra di un uomo, e che sulla spalla teneva non già una scimmia, ma un violino.

Osservò perplesso la figura nera.

— Se è un violino — disse infine — sarà un violino magico.— E tornò a letto, rassicurato da quella conclusione.

13 giugno

È giunta la risposta di mia suocera, che si dichiara pronta a ospitare la figlia dalla settimana ventura. Adele ha guardato appena la lettera. È distratta, assorta nei propri pensieri, e lascia che sia Angelica a occuparsi dei preparativi.

Trascorre ore seduta al pianoforte, ma invece dei soliti pezzi esegue frasi brevi, incomplete, o si diverte a comporre accordi che fa risuonare a lungo, col pedale abbassato, e poi lascia morire a poco a poco. Sembra che all'improvviso abbia perso qualsiasi confidenza con quello strumento che la accompagna dagli anni della fanciullezza, veicolo di innocue consuetudini e di passatempi sereni: gli si accosta con una strana inquietudine, e più che suonare pare che lo ausculti, che ne attenda una rivelazione; ogni volta che posa le dita sulla tastiera è come se formulasse una domanda, timida e incerta, che non ottiene risposta.

Vorrei che si decidesse a suonare un brano qualunque, dal principio alla fine, oppure che abbandonasse del tutto il pianoforte.

Fuori continua a piovere. Ogni sera, alla finestra di fronte, appare l'ombra del prigioniero con il suo violino, e ogni sera mi sembra più grande di come la ricordavo.

16 giugno

Mancano ormai pochi giorni alla partenza di Adele, stabilita per il 23.

Il tempo è migliorato, e stamane le ho proposto di uscire a passeggio. — Ho troppo da fare — ha replicato. Ma i bauli sono ancora in cantina, gli abiti negli armadi, e quando Angelica viene a domandarle istruzioni risponde con un moto di insofferenza.

Finalmente, nel tardo pomeriggio, sono riuscito a persuaderla. Ottaviano è rimasto a casa con la domestica, e noi due camminavamo soli, fianco a fianco. Adele era sempre immersa nei suoi pensieri, incurante di quanto la circondava.

Giungemmo al margine della spianata, dove comincia la brughiera. Adele si volse a guardare la prigione, una grande massa scura che si stagliava controluce nel cielo del crepuscolo. — Fa freddo, è meglio rientrare.

— È una serata bellissima, — protestai, e le offrii la giacca della mia uniforme per ripararsi le spalle. Ma lei rifiutò, e dovetti ricondurla a casa.

Trovammo il bambino intento a raccontare ad Angelica una favola complicatissima, di sua invenzione: i protagonisti erano un gigante tutto nero e un violino magico.

Quando ci vide, si interruppe per domandare che cosa fosse un violino. Le nostre spiegazioni lo delusero. — Allora non è un animale? È una cosa morta?

— È una cosa di legno, Ottaviano. Come questo tavolo, come il tuo cavallo a dondolo.

— Ma forse quello del mio gigante è diverso.

— Se ti fa piacere — dissi ridendo.

Tornò a rivolgersi ad Angelica: — C'era una volta un gigante che faceva finta di essere l'ombra di un uomo, e sulla spalla teneva una scimmia che faceva finta di essere un violino...

20 giugno

La primavera ha ormai ceduto il posto alle prime calure dell'estate, e nella luce chiara i contorni delle cose spiccano più nitidi. Il sole tramonta tardi, lentamente: una catena di colori, che trapassano l'uno nell'altro con sfumature tenuissime, unisce il giorno alla notte, come in certi giochi enigmistici, dove mutando ogni volta una sola lettera si giunga, da una parola, a un'altra dall'opposto significato.

Ieri sera, dopo cena, il salone era ancora illuminato di una luce purpurea. Adele, seduta di fronte a me, seguitava pigramente un lavoro di ricamo iniziato tempo addietro. Portava un abito leggero, di cotone, che le lasciava scoperte le braccia fin sopra il gomito, ma il caldo era così soffocante che non potemmo chiudere le finestre.

Anche le lunette dell'alloggio di fronte erano aperte, e al calar della notte, quando l'ombra apparve sui vetri, per la prima volta udimmo il suono del violino. Giungeva distinto, attraverso il silenzio del cortile.

Adele posò il ricamo, e chiuse gli occhi per ascoltare meglio quella melodia lontana. Era un motivo cantabile, giocoso, che faceva pensare a una danza. — Come può un essere simile suonare così bene? — mormorò.

— È strano davvero. Questa musica esprime una tale semplicità, una tale infantile purezza...

— O forse il rimpianto di esse. Ascolta meglio: non senti qualcosa di oscuro, di dolente?

In effetti il motivo giocoso si perdeva a tratti in una serie di note cupe, donde poi riemergeva, ogni volta più remoto e struggente, come un fragile scafo, carico di memorie, che navigasse le acque nere dello Stige.

— Di chi sarà questo brano? Lo conosci?

Non rispose. Sembrava sprofondare man mano nel languore estremo che emanava da quella musica. Il suo volto era senza espressione, il corpo abbandonato. Solo le mani, poggiate sui braccioli, accompagnavano la vicenda dei suoni con un moto lievissimo, quasi inavvertibile.

26 giugno

Adele non è voluta partire: non ve n'è più alcun bisogno, poiché si è ormai ambientata, e ha riacquistato la sua serenità.

Mi sembra anzi che nella solitudine di questo luogo la nostra unione si sia fatta più salda e più profonda: una fortuna insperata, di cui forse sono debitore al prigioniero, al suono del violino che Adele e io ascoltiamo insieme tutte le sere, seduti l'uno accanto all'altra nella penombra del salone.

Quella musica mi diviene ogni giorno più cara. È come se nel momento stesso in cui la viviamo ci rimandasse l'immagine riflessa della nostra felicità, già trasposta nella lontananza del ricordo, e udendola provo un'impressione strana, contraddittoria, quasi una nostalgia del presente.

Anche Adele ha ripreso a eseguire dei brani, ma solo quando io non ci sono. La sento dal cortile, o dalle finestre aperte del mio ufficio. Così, attraverso quei suoni, ella è presente anche quando devo lasciarla: accompagna le varie incombenze a cui sono quotidianamente costretto, e che a volte mi sembrano avere l'unico scopo di allontanarmi da lei, facendomi in tal modo sperimentare il piacere di ritrovarla.

E forse il carcere, le torri di guardia, i muri spessi e senza finestre, forse tutto ciò esiste soltanto per separarci dal mondo e consentire alla nostra vita di scorrere indisturbata, protetta dai drappelli di soldati che pattugliano l'edificio.

1 luglio

Fra una settimana arriveranno Teresa e i suoi: ce lo annuncia una lettera, giunta stamane, dove fra l'altro ella informa Adele di avere compiuto per lei "quei tali acquisti".

— Non sapevo che avessi scritto a tua cugina. Ma quali acquisti? Di cosa si tratta?

— Niente d'importante.

— Dimmelo, cara, prometto di non sgridarti. Hai tutto il diritto, ogni tanto, di comprarti qualcosa di bello, e sai che mi piace vederti elegante.

Adele sorrise. — Dovrai adattarti a vedermi così come sono, almeno per qualche tempo.

— Non chiedo di meglio. Eppure non sono convinto: tu mi nascondi qualcosa, mi prepari qualche sorpresa...

— È quasi ora di pranzo. Vado a dire di apparecchiare.

E così il nostro idillio avrà presto fine. Questa vita appartata, che all'inizio suscitava in me un sentimento d'angoscia, mi appare ormai la condizione più naturale, e non posso impedirmi di provare un certo fastidio dinanzi alla prospettiva di una visita. Anche Adele sembra infastidita, ma si consola pensando che io e Ottaviano potremo condurre gli ospiti nella brughiera, e trascorrere con loro lunghi pomeriggi all'aria aperta.

— Almeno vi divagherete. Il tempo è così bello...

— E tu non verrai?

— Oh, io avrò il mio da fare.

— Ma lasciarti qui tutta sola...

— Mi piace star sola.

— Senza di me?

— Potrò sbrigare le mie faccende, suonare il pianoforte...

— Credevo che suonassi per me.

Adele si era accostata alla finestra. — E lui? Credi che suoni per qualcuno? Credi che sappia che noi lo ascoltiamo?

6 luglio

Mia moglie è preda di uno strano nervosismo. Di solito così dolce, così gentile anche con le persone più umili, oggi ha maltrattato Angelica sino a farla piangere, reagendo in modo abnorme e inspiegabile.

Certo, la domestica non avrebbe dovuto interromperla mentre suonava, ma in fin dei conti a questo mondo non vi è soltanto la musica, e Adele negli ultimi tempi trascura troppo i suoi doveri.

Sedeva dunque al pianoforte, quando Angelica, come mi ha raccontato lei stessa, entrò nel salone. — Signora, attendo istruzioni per preparare le camere degli ospiti.

Dovette dirlo due volte, poiché alla prima Adele, totalmente concentrata nel brano che stava eseguendo, non rispose neppure. Infine sollevò gli occhi, e secondo Angelica sembrava una sonnambula appena ridestata, o "una di quelle persone che parlano con gli spiriti", come ella immagina debbano apparire se vengano bruscamente interrotte durante i loro colloqui soprannaturali.

— Che vuoi? — disse con voce atona.

Per la terza volta Angelica ripeté la sua richiesta.

— Ora ho da fare. Vedi di sbrigartela da sola.

Ma la donna insisté. — Pensavo, signora, di mettere dei fiori nelle camere degli ospiti. Ce ne sono di bellissimi nella brughiera.

— Sì, brava. Va' pure a coglierli.

— Io, signora, sono troppo ignorante, non ho gusto per queste cose. Bisognerebbe che venisse anche Lei.

— Ti ripeto che ho da fare.

— Magari domattina, prima che arrivino...

— Non vedi che mi stai disturbando? — sbottò Adele infuriata. — Va' via, lasciami in pace. Non voglio saper nulla né di te né dei tuoi fiori.

Giunta a questo punto del suo resoconto, Angelica non ha più potuto trattenere le lacrime. — Non era così, signore, non è mai stata così. È questo posto maledetto che le sta guastando il carattere.

— Ma no, sono tutte sciocchezze. Del resto, sai bene che quando suona non bisogna importunarla.

Questa sera, tuttavia, mi sono sentito in dovere di redarguire mia moglie. Lei ascoltava sottomessa.

— Hai ragione — ha ammesso infine — mi sono comportata assai male con quella poverina. D'ora innanzi cercherò di essere più gentile.

— Allora andrai con lei a cogliere i fiori?

— No, non ho voglia di uscire. Potrà farlo benissimo da sola.

8 luglio

Ieri, nel pomeriggio, sono giunti gli ospiti. Teresa tenne subito a informarci, in tono eccitato, che il carcere suscitava in lei "un'impressione sinistra". Strinse compassionevole le mani di Adele. — Allora, mia cara, come ti trovi in questo luogo di clausura? Una vita del genere, io non potrei sopportarla. Ma tu hai avuto sempre un grande coraggio.

Adele la guardava con un sorriso in parte affettuoso, in parte canzonatorio.

— Comunque, ti ho portato quello che mi hai chiesto, e

spero ti giovi ad alleviare un poco la noia. Però, a dire il vero, non capisco a cosa ti servano...

— Ti spiegherò più tardi.

Non ho mai potuto soffrire Teresa, con quelle arie da donna di mondo, ma mia moglie le è molto affezionata, in memoria, credo, dell'infanzia che trascorsero insieme. Chissà, forse conobbe allora una Teresa diversa, che io non mi so figurare, e al ricordo di lei si serba fedele. Forse vi è ancora, sotto quei modi artefatti, la fanciulla di un tempo, come in ognuno vi è un nocciolo, un nucleo originario, che gli anni offuscano senza poter cancellare. E sempre, vedendo Adele con la cugina, ho avvertito che dietro il loro dialogo apparente, fatto di formule convenzionali, ne scorreva un altro, silenzioso e continuo, da cui ero escluso.

Ma ieri, fin dall'arrivo degli ospiti e poi durante la cena, ebbi la sensazione nettissima che questa intesa abituale non riuscisse a stabilirsi. Normalmente, trovandosi con lei, Adele diventava un po' Teresa, assumeva senza volerlo qualcosa dei suoi modi, delle sue inflessioni. Ora invece le stava di fronte in tutta l'inconciliabile diversità della propria natura. Parlava su di un altro registro, e accoglieva indifferente le notizie che l'altra le recava della vita cittadina. Persino la sua bellezza discreta, delicata, formava, in luogo del solito contrappunto, una dissonanza totale con quella ostentata della cugina.

Appena giunta di sopra Teresa trasse un pacchetto da una borsa da viaggio, e lo consegnò a mia moglie, che si affrettò a riporlo nella propria camera.

Io discorrevo del più e del meno con Oreste, un uomo tranquillo, positivo, la cui personalità, se pure ne possiede una, è di quelle che difficilmente si lasciano identificare. Di primo acchito, tutto fa supporre che sia soltanto uno sfondo grigio ai colori squillanti della moglie. Si fatica a ricordare la sua presenza, ed egli sembra a sua volta volersi nascondere dietro il chiacchierio interminabile di Teresa, che ascolta con un sorriso timido e compiaciuto.

La madre di Oreste, infine, è una vecchietta minuta, in cui ogni caratteristica individuale è ormai scomparsa, travolta da quelle dell'età, spietatamente generiche. La sua mente è indebolita, e le palpebre azzurrognole, appesantite da una continua sonnolenza, non si dischiudono che per lanciare tutt'intorno occhiate guardinghe e vagamente ostili. Oreste mi ha spiegato che l'hanno condotta perché non era in grado di rimanere sola, non sapendo più badare a se stessa.

La sera, nel salone, Adele si era seduta accanto alla finestra, e quando non si credeva osservata volgeva uno sguardo furtivo verso il quartiere di fronte. L'ombra del prigioniero si stagliava come sempre sui vetri smerigliati, ma il suono del violino era completamente sopraffatto dalla voce di Teresa, la quale, ritenendo forse di conversare, teneva in realtà un lungo monologo, solo a tratti interrotto dai commenti pacati del marito o da qualche mia frase di circostanza.

13 luglio

Teresa ha finalmente esaurito il suo bagaglio di notizie, e il desiderio di parlare ha ceduto il posto a quello di sapere. Oggi, a pranzo, non ha fatto che chiederci del prigioniero.

— Ma davvero non si può vederlo? Via, Eugenio, a me non la racconti. Devi pur essere entrato nelle sue stanze, almeno una volta. Sei il comandante, perciò ti avranno affidato la chiave.

— La chiave è nel mio ufficio, in una cassaforte. Ma anche volendo non avrei potuto farne uso, perché l'uscio della prigione è chiuso con dei sigilli.

La vecchia si riscosse dal suo torpore. — Meglio così — mormorò. — È meglio che nessuno lo veda.

— Dunque, mamma, Ella ricorda? Può dirci qualcosa di quell'uomo mostruoso?

— Non ricordo nulla. Non è bene ricordare.

Teresa emise una risata acuta, nervosa. — In questo modo non fa che eccitare la nostra curiosità. Io poi, lo confesso, ho sempre avuto un debole per le storie raccapriccianti.

A quel punto Adele, che aveva ascoltato con fastidio la conversazione, si alzò da tavola. — Se permettete, ho alcune istruzioni da impartire in cucina.

Ma prima che potesse uscire, la vecchia riprese a parlare:

— Era come una voragine. Un'enorme voragine che si fosse spalancata all'improvviso.

Teresa batté le mani entusiasta. — Brava, mamma, è un esordio davvero eccellente, degno di un romanzo. Però, mi perdoni, Ella rimane un po' troppo nel vago. Suvvia, ci dica qualcosa di più...

Ma le palpebre della vecchia si erano nuovamente abbassate, e il suo respiro si andava facendo pesante.

Teresa tornò a rivolgersi a me. — Avrete pure un archivio, in questo carcere, vi saranno dei documenti.

— Perché ti interessa tanto? — chiese Adele, e io sperai che la cugina non notasse l'intonazione aspra, quasi scortese, con cui aveva pronunciato quella frase.

La curiosità di Teresa, devo dirlo, irritava anche me. Vedevo nelle sue domande una violazione della nostra intimità, di cui il segreto custodito dietro le finestre sbarrate è ormai una componente essenziale. Da tempo viviamo a contatto con esso, e questa prossimità, benché non ci aiuti a svelarlo, ce ne rende in qualche modo partecipi. Mi sento tenuto a difenderlo dall'invadenza delle persone estranee, venute di "là fuori", pur ignorando quanto loro che cosa effettivamente io difenda. Se esamino questo sentimento con gli occhi di Teresa, o con quelli di Oreste, mi sembra assurdo, ma i loro occhi non sono più i nostri: qualcosa è accaduto, in queste settimane, un mutamento di cui solo adesso posso misurare la portata. I fili che ci legavano alla nostra vita precedente si sono spezzati, senza che neppure ce ne avvedessimo, sostituiti da un vincolo oscuro.

16 luglio

Stamane ho condotto gli ospiti a fare una passeggiata. Oreste ci precedeva con il bambino, mentre io davo il braccio a Teresa. Camminavamo più adagio, e ben presto perdemmo di vista i nostri compagni.

Io ripensavo a quella giornata di primavera, poco dopo il nostro arrivo, quando per la prima volta avevo condotto nella brughiera Adele e Ottaviano, e confrontavo con quel ricordo tutto ciò che mi circondava, ricavandone sempre una delusione. La pienezza della natura estiva mi appariva quasi sfrontata rispetto all'incanto sommesso, allusivo, del suo primo fiorire, e altrettanto sfrontato il fascino consapevole di Teresa rispetto a quello di Adele, ignaro di se stesso. Le sue corse di allora, la tenera spossatezza che a tratti l'assaliva, si sovrapponevano nella mia mente all'incedere misurato della cugina, e alla conversazione si mescolava, come l'eco di un mondo più puro, la voce di Adele, remota e carezzevole, che raccontava al bambino le sue storie di ingenui sortilegi.

Rimpiansi che avesse rifiutato di accompagnarci nella passeggiata: dopo tutto, la madre di Oreste sarebbe potuta rimanere da sola per qualche ora, affidata alle cure della domestica. Ma Adele non aveva voluto sentire ragioni, e aveva preteso ad ogni costo di restare a casa, appellandosi ai doveri dell'ospitalità.

— Dimmi, caro cugino — fece a un tratto Teresa riscuotendomi dai miei pensieri — qualcosa non va?

— Va tutto bene. Perché lo chiedi?

— Così, senza un motivo preciso. È che Adele mi pare strana, mutata. Da quando sono qui non mi è ancora riuscito di parlarle a quattr'occhi: sembra quasi che mi eviti.

— Ma no, che dici? Anzi, è contentissima della tua visita.

— Tu credi?

— Certo. È solo un po' affaticata. Anche con noi, a volte, si comporta in modo strano.

Il volto di Teresa si illuminò di un sorriso malizioso. — Ho capito tutto. E tu, cattivo, non ci dicevi nulla!

— Cosa avrei dovuto dirvi?

— Andiamo! Sono anch'io una donna sposata.

— Davvero, Teresa, non ti comprendo.

Mi rivolse un'occhiata inquisitrice. — O sei un bugiardo matricolato, oppure Adele non te l'ha ancora detto.

— Cara cugina, abbi la bontà di spiegarti.

Accostò le labbra al mio orecchio. — Credi a me, che di queste cose m'intendo: Ottaviano avrà presto un fratellino.

La congettura, non so perché, mi apparve subito assurda. Nulla, in realtà, vi si oppone, e anzi molte cose riceverebbero in tal modo la spiegazione più logica, eppure non riesco a credere che una nuova vita possa nascere quaggiù, fra le mura del carcere. Ripenso ai giorni che vi abbiamo trascorso, a quella dolcezza malinconica, indissolubilmente intrecciata alle melodie del violino, e vi scorgo qualcosa di insano, di innaturale, che esclude qualsiasi speranza di fecondità.

A Teresa, naturalmente, non manifestai il mio scetticismo. — Se avrò notizie in tal senso — mi limitai a rispondere — sarai la prima ad esserne informata.

— Bada che questa volta voglio essere io la madrina, altrimenti mi offenderò a morte.

Perché mai tutto questo mi sembra così indicibilmente volgare?

21 luglio

Vi è un meccanismo ferreo che regola la custodia del carcere. I soldati sono suddivisi in due gruppi di dieci, ciascuno dei quali presta servizio per un anno circa, e quindi viene trasferito altrove. Le date d'arrivo e di partenza dei due gruppi non coincidono, sicché in ogni momento elementi nuovi si mescolano con altri già esperti del luogo. In tal modo la continuità viene salvaguardata, e al tempo stesso il ricambio degli uomini dovrebbe preservare dagli effetti perniciosi di un isolamento troppo lungo.

Ieri mi è giunto l'ordine di trasferimento per il primo gruppo, e l'ho subito firmato. La partenza era fissata per oggi. Convocai nel mio ufficio gli interessati, che accolsero la notizia con una sorta di sbigottimento. Il più attonito era Gaspare, che all'inizio parve addirittura non afferrare il senso delle mie parole, e se le fece ripetere più volte dai commilitoni. — Domani? — chiedeva con gli occhi sgranati. — Per sempre?

Stamane, al momento di salire sul carro, qualche lacrima bagnava le sue guance rosee, e la cosa suscitò l'ilarità di Teresa, che era venuta ad assistere alla partenza.

— Suvvia, ragazzo — gli disse ridendo — non è il caso di affliggersi tanto. Anzi, al posto Suo io sarei ben felice di lasciare questa prigione.

— Sì, signora, ma vede... ormai mi ci ero abituato.

— Non tarderà a disabituarsi: il mondo offre molte consolazioni, specie quando si è giovani.

Gaspare l'ascoltava con espressione ottusa. — Io mi ero abituato a star qui — ripeté.

Teresa scrollò le spalle e si allontanò dal carro. — Quel giovane ha davvero la testa dura — mi disse. — Del resto, i contadini sono tutti così: è gente che mette radici, non importa dove. Spero che almeno voi non piangerete, quando finalmente potrete tornare in città.

Sorrisi, ma in cuor mio mi rammaricavo di non aver saputo proteggere la disperazione di quel giovane contadino dallo sguardo ironico di Teresa. Lei non può sapere quanto sia lontana per noi la città, quanto incredibile l'idea di farvi ritorno. È come se fossimo qui da sempre, e per sempre fossimo destinati a rimanervi, e così certo doveva sembrare anche a Gaspare.

All'improvviso vorrei andarmene anch'io, portare via Adele e il bambino. Soltanto adesso, vedendola accanto a Teresa, mi accorgo del pallore di mia moglie, e rammento che da quasi tre settimane non mette piede fuori del carcere. Ma non c'è modo di convincerla a uscire: ogni proposta in tal senso suscita in lei una strana apprensione, che somiglia un poco a quella di Gaspare, e io pure rimango volentieri fra queste mura. A volte mi pare di essere sotto l'effetto di uno di quei veleni blandi ma insidiosi che s'impadroniscono a poco a poco dell'organismo, lo invadono tutto, sostituendo alla salute uno stato di ingannevole benessere, un piacere misto a repulsione, di cui non si sa più fare a meno.

Dovrei reagire, chiedere una licenza, vincere l'inerzia che mi tiene confinato qui dentro. O almeno dovrei trovare la forza di allontanare Adele: che parta, che vada in città, da sua madre oppure da Teresa. Ne parliamo spesso, e anche gli ospiti la invitano a recarsi da loro, ma lei pone nel rifiutare un'energia inaspettata, che contrasta con l'indolenza, con l'apatia ormai cronica che sembra dominarla.

Tutto ciò non preoccupa Teresa, che vi scorge anzi una conferma lampante della sua tesi. — Le donne, in quello stato, diventano spesso ostinate — mi dice con l'aria condiscendente di chi spieghi a un neofita i primi rudimenti della propria scienza, e osserva scrupolosa tutte le stranezze della cugina, per poi riferirmele in tono di lieta commozione.

28 luglio

Gli ospiti hanno deciso di interrompere il loro soggiorno presso di noi, che si sarebbe dovuto protrarre fino ai primi giorni d'autunno. Mi è difficile simulare rammarico; Adele poi non ci si prova neppure. La compagnia di estranei la incupisce, come un tempo la solitudine, mentre questa sembra ora attrarla irresistibilmente. La attende con ansia, con tensione. Si adopera in ogni modo per aiutare Teresa a preparare i bagagli, e lei ringrazia, stupita della sollecitudine della cugina. Io vi leggo invece la misura della sua impazienza.

Vi è sempre stata, in Adele, una propensione all'isolamento, una disposizione contemplativa, ma solo quaggiù queste vaghe tendenze sono giunte a dispiegarsi pienamente. Si va via via liberando degli aspetti esteriori e contingenti, per rivelare il nucleo autentico della sua personalità.

Come obbedendo a un comando di natura, respinge da sé senza riguardi tutto ciò che può essere d'ostacolo a tale processo, e a questa categoria va certo ascritta la visita di Teresa. La sua partenza mi appare una vittoria di Adele, o della volontà tenace che la possiede e la guida verso un compimento che ancora non so immaginare.

31 luglio

Questa sera, partiti gli ospiti, ero nel mio studio intento a sbrigare la corrispondenza, e riascoltavo dopo tanto tempo il violino del prigioniero.

Suonava una melodia lenta. V'era in essa la stessa ambigua semplicità, la stessa grazia malinconica che sera per sera ci aveva affascinati prima dell'arrivo di Teresa. All'incanto naturale dei suoni si aggiungeva ora il piacere che si prova nel ritrovare un'antica abitudine.

Ma all'improvviso a quella del violino rispose la voce di un pianoforte, che riprese il tema con il suo timbro liquido e cristallino.

Lasciai le mie carte e andai nel salone. Adele sedeva davanti allo strumento, così assorta da non accorgersi della mia presenza. Teneva gli occhi fissi sullo spartito, e la sua esecuzione aveva il carattere incerto, lievemente meccanico, che forse non si può evitare quando si affronti un brano sconosciuto. Ma il violino la guidava lungo quel sentiero arduo e ignoto, ed ella seguiva docile le sue orme.

Ripeté il tema con tocco leggero, mentre di lontano, dalle finestre aperte, giungevano suoni cupi, profondi, come il respiro di un titano rinchiuso nelle viscere della terra. Poi le mani di Adele si spostarono sulla parte sinistra della tastiera, e toccò a lei stendere un tappeto d'ombra sotto le note chiarissime del violino, che imprimeva al tema un moto più rapido, vorticoso, infondendo nella sua dolcezza un accento di disperazione.

La melodia si smarrì in una serie di complicate variazioni, e solo alla fine tornò per un attimo a delinearsi, ma remota, fuggevole come le immagini della memoria. Quindi si spense nel lungo accordo conclusivo tenuto dai due strumenti.

Cessata la musica, Adele rimase immobile dinanzi al pianoforte. Nella stanza regnava il silenzio.

Mi avvicinai, e sfogliai lo spartito in cerca del frontespizio. Era una sonata per violino e pianoforte, opera di un compositore che finora conoscevo soltanto di fama. Mi chiesi come se lo fosse procurato, e a un tratto mi rammentai del misterioso pacchetto portato da Teresa.

Eppure, continuo a non capire. Non capisco quale segreta rispondenza, o quale gioco del caso, abbia condotto Adele e il prigioniero a eseguire lo stesso brano, come possano suonare insieme senza essersi mai parlati.

Adele risponde in modo vago alle mie domande. — È capitato così — dice, e non sembra che la cosa desti in lei il minimo stupore. Mentre scrivo non si è ancora coricata: continua a studiare lo spartito, alla luce di un candeliere.

3 agosto

Adele e il prigioniero sono passati dall'adagio al primo movimento della sonata, assai più esteso e complesso, fatto di due temi che a lungo sembrano fuggirsi a vicenda, per poi trovare l'uno nell'altro il proprio compimento. Li ho battezzati Apollo e Dafne, ma Dafne, dopo aver vagato senza requie dal pianoforte al violino subendo le più svariate metamorfosi, concede infine ad Apollo l'abbraccio morbido delle sue fronde, stemperando l'ardente passione del dio in tenerezza e rimpianto.

Così cerco di tradurre a mio modo quel linguaggio a me incomprensibile, pur sapendo che non esso, ma io soltanto ho bisogno di appoggiarmi a siffatte immagini. Apollo non è Apollo, Dafne non è Dafne, quelle figure musicali non hanno nulla a che fare con l'amore del dio per la ninfa, e nell'amplesso che alla fine le ricongiunge non vi sono corpi, né membra, né rami d'alloro. Ogni volta, al termine delle mie poetiche elucubrazioni, dei miei giochi allegorici, mi accorgo di non essermi accostato di un passo a quella potenza inaccessibile, che riposa paga in se stessa, quasi non avesse nulla fuori di sé.

La mia favoletta musicale non è piaciuta nemmeno a Ottaviano. — Perché invece non mi insegni il violino — ha detto — così posso suonare con la mamma?

Ma io non ho nulla da insegnargli, e "la mamma" sembra non rammentarsi neppure di lui. Vive nel mondo dei suoni, dove mescola la sua solitudine con quella del prigioniero.

7 agosto

È impossibile parlare con Adele: di giorno studia, di sera suona con il prigioniero, sempre quei due movimenti, che esegue ormai con perfetta sicurezza.

Ottaviano la ascolta dal suo letto. — La mamma non ha mai suonato così bene. È stato il gigante a insegnarle?

Non so se sia stato il gigante, ma lo stile di Adele è davvero mutato. Non si può dire, come un tempo, che suoni in modo piacevole. Vi è anzi qualcosa di penoso nell'ascoltarla, quasi di sconvolgente: mi sento come se tutte le corde del mio essere venissero fatte vibrare ad una ad una, dalle più liete fino alle dolorose e oscure. Una volta, udendo il fitto dialogo del pianoforte con il violino, ho pensato che tali colloqui debbano tenere le parche, quando tessono i fili dei destini umani, e mi sono chiesto cosa mai "il gigante" stia lentamente apprendendo a mia moglie, se una sonata o i segreti dell'universo.

Poiché senza dubbio, se l'essenza del mondo ha una lingua, essa non è fatta di parole, ma di silenzio e di note. Per questo guardando Adele che suona provo un sentimento di venerazione, come un profano dinanzi a una sacerdotessa.

10 agosto

Ieri è giunta una lettera di Teresa, indirizzata a entrambi: ci ringrazia della "squisita ospitalità", ed esprime il suo rammarico per esser dovuta partire prima del previsto. La lettera si conclude con questa frase: "Aspetto da voi, molto presto, una buona notizia."

— Che intende dire? — chiese Adele aggrottando la fronte.

— Non so proprio — mentii. Non è il caso di parlarle delle fantasie della cugina, specie adesso che la sua mente è occupata da tutt'altri pensieri.

— Per favore, Eugenio, scrivi tu la risposta.

— Cosa devo scrivere?

— Quello che vuoi.

— Le dirò che sei molto contenta dei suoi spartiti, che non fai che suonarli.

— E perché? — ribatté lei seccamente. — Che c'entra Teresa in tutto questo?

Ero sorpreso. — Come credi, mia cara. Se non vuoi farglielo sapere...

— Che lo sappia o no, mi è del tutto indifferente.

— Se è così, perché sei andata in collera?

— In collera? — Si avvicinò e mi diede un bacio sulla guancia: un gesto distratto, frettoloso, che più che esprimere il suo affetto sembrava volermi rassicurare circa la sopravvivenza di esso.

Questa notte ho sognato di sedere per ore in uno stanzino disadorno, in attesa davanti a una porta chiusa. Infine i battenti si sono aperti, lasciando scorgere la figura di Teresa. Vestiva di bianco, e premeva l'indice sulle labbra sorridenti. Mi fece cenno di seguirla, e in punta di piedi mi guidò oltre la soglia.

Mi trovai in camera di Adele. Le tende erano tirate, e nella penombra intravvedevo appena il grande letto dove lei giaceva, il viso pallidissimo, le chiome brune disciolte sul guanciale. Sotto le coltri s'indovinava, accanto al suo corpo, una sagoma più piccola, come di un infante che stringesse al seno.

Le parlai, ma ella mi guardava senza rispondere. Fu Teresa a dirmi di avvicinarmi.

Mi accostai al letto, e con delicatezza sollevai le coltri. Fra le braccia, poggiato teneramente contro il petto, Adele teneva un violino.

13 agosto

La sonata è finalmente completa: questa sera l'hanno eseguita tutta, per la prima volta, e io come sempre sono rimasto ad ascoltare, escluso e affascinato.

Dopo il gioco tormentoso del primo movimento la musica si raccoglie nell'adagio per piangere su se stessa, su una sua ferita che ignoro e che pure, mentre ascoltavo, mi sembrava di risentire nel cuore. Mai avrei creduto che sofferenza e dolcezza potessero così intimamente congiungersi, appartenersi, costituendo quasi i due lati di una medesima cosa. Il loro legame è tanto sottile, tanto delicati e impercettibili sono i trapassi, che è impossibile capire dove finisca l'una e dove l'altra abbia inizio.

Poi esplode lo scherzo, come una danza spensierata vista attraverso un velo di mestizia, e fa pensare alla giovinezza contemplata dagli occhi di un vecchio. Pianoforte e violino, su di un ritmo vivace e marcato, si avvicendano nell'inseguire questo fantasma di una gioia perduta, che nella parte centrale, più rarefatta, pare infine lasciarsi raggiungere, ma soltanto per svelare la propria natura irreale. Quindi fugge di nuovo, e l'illusione ricomincia.

Nell'ultimo movimento un motivo sereno e maestoso ritorna, affidato ora all'uno ora all'altro strumento, dopo varie divagazioni che ogni volta ne travolgono il fragile equilibrio, dissolvendo la sua forma chiara e precisa in mille rivoli inquieti, dove serpeggia un'angoscia trattenuta. Alla fine il tema principale riporta il trionfo, ma è come se già si vedessero appassire le foglie d'alloro sulla fronte del vincitore.

Continuo a risentire nella mente ogni proposizione di quel discorso enigmatico, che non ha oggetto eppure lo designa con un'esattezza che non è concessa a nessun altro linguaggio, e mi sembra di essermi accostato al libro sacro di una paradossale religione, dove sia declinato in tutti i modi possibili il nome ignoto di un dio assente.

18 agosto

Il capitano B., comandante della caserma di ***, mi ha scritto per domandarmi notizie circa la condotta di Gaspare durante la sua permanenza in questo carcere. Pare che abbia disertato. Un mattino, ridestandosi, i suoi compagni di camerata hanno trovato il letto intatto, e insieme con l'uniforme erano scomparse le poche cose che egli teneva sul comodino: una pipa di legno, la catenina del battesimo e un ritratto di sua madre dipinto su una tavoletta ovale da qualche pittore di campagna. Solo le armi aveva lasciato, ammucchiate ai piedi del letto.

Lo cercano in tutto il paese, e presto finiranno per trovarlo. Penso con pietà a quel povero giovane. I suoi atti, le sue reazioni, erano guidati da un istinto ingenuo, quasi animalesco, e proprio questa immediatezza rendeva assai difficile capirlo per noi, uomini assai più evoluti e complessi, avvezzi a osservare l'essere altrui, e persino il nostro, attraverso le forme inculcateci dall'educazione, e ciechi, forse irrimediabilmente, per tutto ciò che ad esse non corrisponde. Di lui, nel tempo trascorso insieme, compresi soltanto lo sguardo attonito e disperato che rivolse all'intorno, seguendo i muri del carcere, prima di salire sul carro, ed è questa, probabilmente, l'unica sua immagine che serberò per sempre nel ricordo.

Mentre scrivo mi giungono le note del pianoforte e del violino. Ripetono ogni sera quella loro sonata, che non dice nulla e lo dice in modo così esatto. Io mi perdo nelle mie speculazioni, sperando che mi offrano una via di accesso a quel mondo remoto, ma forse non fanno che allontanarmene. Adele, quando siede al pianoforte, non s'interroga certo sull'essenza della musica: ella stessa la incarna, tale essenza, nell'istante in cui poggia le dita sullo strumento, e credo che allora la sua mente si vuoti di ogni pensiero, che tutto ciò che la circonda sprofondi nell'oblio e nell'indifferenza. Restano solo i tasti bianchi e neri che scintillano nella penombra del salone, e lo spartito aperto sul leggio, e le note del violino che le rispondono dalla finestra sbarrata.

23 agosto

Ieri sera, mentre i due suonavano, sono entrato in camera di Ottaviano. Mi aspettavo di trovarlo seduto sul letto, intento come sempre ad ascoltare la musica: invece stava supino, il capo nascosto sotto il guanciale. Pensai che dormisse, e uscii in punta di piedi dalla stanza, richiudendo adagio la porta alle mie spalle.

— Papà — chiamò il bambino. Doveva aver udito lo scatto della maniglia.

Rientrai. — Perdonami, Ottaviano, non volevo svegliarti.

— Non dormivo — rispose, volgendo verso di me i grandi occhi scuri.

— Allora che facevi sdraiato, con la testa sotto il guanciale?

— Per non sentire la musica.

— Credevo ti piacesse.

— No. Non mi piace più.

Sul suo viso vi era un'espressione grave, risoluta, che contrastava con la dolcezza infantile dei lineamenti.

Gli sedetti accanto. — Che c'è, Ottaviano? Perché non ti piace più la musica?

— Perché è un incantesimo.

— Che dici?

— È un incantesimo del gigante per portarmi via la mamma.

Sorrisi. — Nessuno ti può portar via tua madre, dovresti saperlo: ti vuole troppo bene.

— Ma non sta mai con me.

— Perché ha da fare, e sa che ormai sei grande e puoi rimanere da solo.

— Non sono grande, non voglio rimanere da solo. È tutta colpa del gigante e del suo incantesimo.

Restai nella camera finché non si fu addormentato. Anche nel sonno pareva preda di una viva agitazione. Certo risente della distrazione di Adele che, assorta com'è nella musica, non si cura quasi di suo figlio.

Stamane mi sono infine deciso a rimproverarla. — Sarebbe bene che tu passassi più tempo con lui, almeno di giorno.

— Hai ragione. Povero bambino, lo trascuro davvero troppo.

Ho trascorso l'intera mattinata nel mio ufficio, a consultare le note di servizio di Gaspare, e ne ho ricavato un breve sunto, che domani spedirò al capitano B.

Rientrando nel nostro quartiere ho trovato Adele al pianoforte, intenta a esercitarsi.

— Dov'è Ottaviano?

— A passeggio, con Angelica.

— Ti avevo pregato di stare con lui.

Alzò gli occhi dallo spartito. — Gli ho chiesto, infatti, di tenermi compagnia mentre suonavo. Ma non ha voluto.

30 agosto

Adele e il prigioniero hanno preso a eseguire un'altra sonata dello stesso autore. Anch'essa fa parte della pila di spartiti portati da Teresa. Questa volta è stato il pianoforte a incominciare, ma il violino lo ha seguito subito, con una prontezza straordinaria, come se l'uomo avesse saputo in anticipo che Adele avrebbe suonato proprio quel brano.

I progressi di lei sono sorprendenti: ormai impara con estrema rapidità anche i passaggi più difficili. La rispondenza del suo stile a quello del prigioniero si fa sempre più perfetta, e talora ho la sensazione che i due strumenti siano toccati dalla stessa mano, governati dalla stessa volontà.

La musica, per Adele, non è più un piacere, è divenuta un'ossessione. Quando è lontana dal pianoforte sembra soffrire, e l'intera sua giornata si riduce ormai a un'attesa febbrile di quelle poche ore dopo il tramonto, quando i soldati si ritirano e il prigioniero incomincia a suonare.

Lei stessa si avvede del carattere morboso della sua passione, e ne prova rimorso dinanzi a me e ad Ottaviano, ma se le propongo di rinunciare alla musica scuote il capo decisa, e dice: — Non posso —, in un tono accorato che non ammette repliche.

Mi domando se vorrei davvero che vi rinunciasse: quando l'ascolto suonare, mi pare a volte che una grazia l'abbia strappata al sereno grigiore della sua esistenza precedente per eleggerla a custode di una rivelazione suprema.

Lo stato di segregazione in cui vive ha tolto alle sue guance il colore della giovinezza. Il viso si è fatto più scavato, con gli zigomi in rilievo e due occhiaie profonde, che alla luce fioca delle candele acquistano uno splendore opalescente.

I suoi occhi, già bellissimi, hanno ora un'espressione intensa, inafferrabile, quasi che i suoni si fossero sedimentati, una sera dopo l'altra, in quelle iridi scure.

8 settembre

Oggi il cielo è stato per tutto il giorno coperto, di un grigio plumbeo, opprimente. Al crepuscolo si è scatenato uno di quei violenti temporali che segnano la fine dell'estate. L'aria si è raffreddata all'improvviso, ma Adele ha preteso che le finestre rimanessero aperte per poter suonare con il prigioniero.

La voce degli strumenti era a tratti sommersa da quella potente dei tuoni, e poi riemergeva, emanando ogni volta più avvertibile un senso di fragilità. Pensavo a quanto siano effimere le cose umane, trattenute alla vita da un filo sottilissimo, e quanto immutabili le cose della natura. Noi non saremo più, né la stanza, né il pianoforte, e anche lo spartito andrà distrutto, o non vi saranno più occhi capaci di leggerlo, ma ancora il medesimo cielo si stenderà su questa campagna, solcato talvolta, come adesso, dalle nervature dei lampi.

O forse quella musica, che par sempre sul punto di esalare l'estremo respiro, è destinata a una paradossale immortalità, che ne faccia il testimone perpetuo del suo stesso dileguare. Forse il carcere partecipa, in qualche modo, di questa eternità, e la vita del prigioniero, cui esso è legato, non avrà mai fine. La sua ombra continuerà a stagliarsi sulla finestra, il violino a suonare, quando all'intorno sarà scomparso il mondo degli uomini, che per lui del resto ha cessato da tempo di esistere.

9 settembre

Questa mattina abbiamo atteso invano Adele in sala da pranzo. Terminata la colazione andai a cercarla in camera sua, e la trovai ancora a letto. Rabbrividiva sotto le coltri, benché il clima sia tuttora assai mite e la stanza riparata. Aveva la fronte rovente, e gli occhi le luccicavano in maniera innaturale.

Mandai subito a chiamare un medico, ma dovemmo attendere fino a sera prima che giungesse da un paese non lontano.

Dalla finestra vidi entrare il calesse. Un uomo ne scese e scaricò una valigetta. I soldati gli indicarono l'ingresso del nostro quartiere.

Risvegliai Adele dal vago sopore in cui era sprofondata.
— Stai tranquilla, il dottore è arrivato.

Si sollevò sui guanciali. — Non era necessario, per così poco.

— Se sia poco o no, lasciamo a lui giudicare.

Ma il medico, dopo averla visitata, confermò che si trattava di cosa non grave, destinata a risolversi presto. — Probabilmente è un'infreddatura. Succede, a fine estate, se non ci si accorge per tempo che il clima è mutato.

— Ieri sera, difatti — dissi io — abbiamo lasciato le finestre aperte, nonostante il temporale.

— Questo spiega tutto. È necessario che la signora rimanga per qualche giorno a riposo, e soprattutto che stia al caldo. Se poi la febbre non dovesse diminuire, mi mandino a chiamare di nuovo.

Il cielo, fuori, aveva ripreso a rumoreggiare. Accade, in questa stagione, che la pioggia si presenti puntuale, ogni volta alla stessa ora, quasi venisse a un appuntamento.

L'ombra del prigioniero, puntuale anch'essa, era comparsa alla finestra. Come la vidi tirai le tende.

— Bravo, signor capitano, è un'ottima precauzione. Anche la stoffa serve a fare da schermo all'umidità. Loro non immaginano quali danni possa arrecare, l'umidità, quando si infiltra nelle ossa...

E il medico, accomodatosi su una poltrona, prese a dipingerci un quadro fosco e minuzioso dei malesseri causati dall'umidità: dolori alle articolazioni, febbri persistenti che si aggravano fino a dar luogo a palpitazioni cardiache, e svariate altre calamità che ci presentava dettagliatamente, in bell'ordine, dalla più lieve alla più grave.

— A dire il vero, non è dimostrato che sia proprio l'umidità a causare tali malattie, ma conviene non trascurare questa ipotesi.

Il nubifragio era ormai esploso in tutta la sua violenza, ed egli dovette aspettare che il tempo si rimettesse.

— Intanto preparerò un cataplasma per la signora.

— Ne trarrà giovamento?

— In tutta onestà, non possiamo ancora dire con certezza che il cataplasma giovi a qualcosa in casi come questo, né d'altra parte lo possiamo escludere. Comunque, male non fa di sicuro.

Si fece condurre in cucina, e comandò ad Angelica di mettere a bollire dell'acqua. Nel frattempo, sotto il mio sguardo incuriosito, andava miscelando certe erbe che aveva preso dalla sua valigetta. Quando l'acqua fu calda, vi gettò il composto.

La donna uscì a cercare della garza per l'impacco, e noi restammo soli ad attendere.

— Dottore, mi dica la verità...

— A che proposito? Ah, Ella vuol sapere di Sua moglie. Mi creda, non è davvero il caso di allarmarsi. La signora poi è così giovane... Si riprenderà quanto prima.

— Qual è il nome esatto della sua malattia?

— È difficile a dirsi. Vede, propriamente parlando non vi è nessuna malattia: soltanto una lievissima indisposizione.

Angelica ritornò con la garza, ed egli la stese in un catino e vi versò sopra la miscela di erbe.

Quando rientrammo nella stanza della malata vidi che le tende erano di nuovo aperte. Adele teneva gli occhi fissi sulla finestra, e seguitò a tenerveli mentre il medico le applicava l'impiastro.

12 settembre

Mia moglie, ormai completamente sfebbrata, ha lasciato il letto. Ha trascorso l'intera giornata vagando da una stanza all'altra, con la gioia irrequieta che spesso provano i convalescenti per aver riconquistato la libertà di muoversi.

Verso sera ho udito le note del pianoforte provenire dal salone, e mi sono affrettato a raggiungere Adele. La trovai intenta a suonare dinanzi alla finestra spalancata. Le sue spalle, sotto la veste ancora estiva, tremavano leggermente.

— Vuoi ammalarti di nuovo? — le dissi in tono severo, e feci per chiudere i vetri.

Lei smise di suonare, e mi rivolse uno sguardo supplichevole. — Ti prego, lascia aperto. Io sto bene, ormai, e non è una serata fredda.

— Il dottore si è raccomandato...

Sorrise. — Il dottore non sa nulla escludere, e nulla dimostrare.

— Tuttavia...

— Se mi vuoi bene, non mi vieterai questo piacere.

Lesse subito la resa sul mio volto, e immediatamente, senza più guardarmi, ricominciò a suonare. Anche il violino, che si era interrotto insieme con lei, riprese di lontano la sua melodia.

Uscii dal salone in cerca di uno scialle, quindi tornai, e con dolcezza lo avvolsi intorno alle spalle di Adele. Il mio affaccendarmi parve disturbarla, tanto che sbagliò una nota, ma non disse nulla e seguitò a suonare.

Lo scialle le scivolò lungo la schiena, e cadde al suolo.

20 settembre

Corre voce che vi sia un uomo nella brughiera, che vive nascosto, rintanato fra i cespugli. Il più lieve rumore basta a metterlo in fuga, come un animale selvatico, e nessuno è mai riuscito a vederlo da vicino. Da qualche tempo i soldati si raccontano l'un l'altro questa strana storia, alla mensa o nelle camerate, ma appena si avvedono della mia presenza si affrettano a mutare discorso, scambiandosi uno sguardo di timida complicità.

Non voglio conoscere il segreto che custodiscono con tanta cura, né sapere chi sia la misteriosa figura che abita nella macchia, e veste, secondo alcuni, la divisa del soldato. A volte lo immagino aggirarsi nel grigio della vegetazione, sotto il grigio del cielo, e spingersi furtivo sino ai margini della spianata, a spiare la mole lontana del carcere.

Fa sempre più freddo, e ho vietato risolutamente a mia moglie di suonare tenendo le finestre aperte. Lei obbedisce, ma il suo umore si è fatto cupo, malinconico. La sera, quando sediamo insieme nel salone, fissa a lungo l'ombra del prigioniero, e poi volge verso di me uno sguardo risentito.

Le sue labbra sono adesso di un rosa tenue e polveroso, che a stento si distingue dall'incarnato. La chioma scende inerte a incorniciarle l'ovale, come un'opaca cortina, e gli occhi sembrano farsi ogni giorno più grandi, quasi che la loro fiamma triste consumasse a poco a poco il resto del viso.

Le notti si sono mutate per lei in vigilie lunghe e tormentose. Spesso, vedendo il lume acceso, vado a visitarla nella sua camera, e la trovo seduta nel letto, la schiena appoggiata sui guanciali. Vorrei restare a tenerle compagnia, ma Adele accoglie la mia presenza con malcelato fastidio, e pare sollevata quando infine mi decido a congedarmi.

Il suo stato mi preoccupa, e spesso le propongo di far venire il medico. Ogni volta lei si oppone. — Sto benissimo, te lo giuro — ripete ostinata. E tuttavia mentre mi parla tiene le mani raccolte in grembo, per nascondere il tremore.

23 settembre

Stamane Adele non si è potuta alzare. Ha la febbre alta, e versa in uno stato di semincoscienza. Sono rimasto a osservare in silenzio mentre il medico le sentiva il polso. Anch'egli taceva, e solo quando fummo fuori della stanza si decise a rispondere con qualche parola ai miei sguardi allarmati. — Una ricaduta, caro signore, può essere una faccenda assai seria.

— C'è dunque pericolo?

— Non sono in grado di escluderlo.

Tornerà domani, a somministrarle rimedi nella cui efficacia egli stesso non crede. — Ciò che conta è soprattutto la condizione generale della malata, la sua capacità di reagire. E purtroppo, dalla volta scorsa, ho trovato la signora alquanto indebolita. Se le mie precauzioni fossero state meglio rispettate...

— Dottore, non so cosa dire. Negli ultimi tempi è sempre rimasta al caldo, e le ho proibito qualsiasi fatica.

— Eppure...

— Se questa indisposizione...

— Signor mio, temo che ormai non si tratti di un'indisposizione, ma di una malattia vera e propria.

— Che malattia?

— È presto per dirlo. Attendiamo che compaiano altri sintomi.

Sono rimasto tutto il giorno accanto a lei, e nella sua stanza scrivo adesso queste righe. Ora dorme, di un sonno profondo a cui il suo essere pare abbandonarsi senza riserve. I pochi rumori, i movimenti che dobbiamo compiere intorno a lei, non la raggiungono. Non l'ha destata neppure l'impacco che Angelica le ha applicato delicatamente sul far del crepuscolo.

— Il sonno risana, signore.

Io annuii a quelle parole, e continuo a ripetermele, mentre l'ombra della sera cala lenta sul volto addormentato di Adele.

26 settembre

Il medico viene tutti i giorni e seguita ad attendere la comparsa di altri sintomi. Ma il male di Adele si manifesta esclusivamente attraverso la febbre, che nonostante gli impacchi non accenna a diminuire. Lei ne è come stordita, e passa continuamente dal sonno a uno stato che si distingue appena da esso. Il suo respiro è pesante, faticoso, pure non vi è catarro nei bronchi.

— Sua moglie — mi ha detto ieri il dottore — non soffre di alcuna malattia definibile. Se ne dovrebbe concludere che è sana.

— E la febbre? Come si spiega?

— Non posso ancora affermarlo con certezza, ma sto valutando l'ipotesi che si tratti di un fenomeno nervoso.

Così egli valuta le sue ipotesi, e Adele sta sempre peggio.

Non ricordo neppure quando è stato che ho udito per l'ultima volta la sua voce. Ormai non mi risponde, non si avvede di nulla. Angelica le prepara tazze di brodo e la imbocca pazientemente, una cucchiaiata dopo l'altra, mentre io le tengo il busto sollevato. Lei deglutisce, senza aprire gli occhi.

1 ottobre

Il cielo è sereno, ma le giornate si sono accorciate in misura sensibile. Fuori vi è un'aria frizzante, autunnale: al mattino, appena alzato, spalanco la finestra della mia camera per aspirarne qualche boccata. Un piacere raro, senza cui non saprei forse sopportare l'atmosfera opprimente che regna nella stanza di Adele. Là pare di essere in una serra: il fuoco è acceso ininterrottamente, e io osservo i ciocchi che si consumano, l'uno dopo l'altro, sprigionando un lieve pulviscolo.

Anche il silenzio è opprimente, e la penombra, rischiarata appena dalle fiamme del camino.

Spesso perdo la nozione del tempo, e per capire se sia giorno o notte devo guardare la sottile striscia di luce che filtra dalle finestre schermate. Quando la striscia scompare mi accosto alle tende, apro uno spiraglio per vedere l'ombra del prigioniero, e ripenso alle sere d'estate, quando mi giungeva il suono del violino mescolato con quello del pianoforte.

Da giorni non scendo nel mio ufficio, poiché devo badare alla malata. Ho affidato il bambino ad Angelica, che certo sa averne cura meglio di me. Tutti i pomeriggi lo conduce fuori perché si distragga: fanno lunghe passeggiate nella brughiera e non tornano che al calar del sole. Ottaviano ha sempre in mano dei fiori, che vorrebbe donare alla madre. Me li consegna, e rimane ad aspettarmi fuori della stanza di Adele, dove con qualche pretesto gli impedisco di entrare. Appena mi vede mi domanda se le sono piaciuti. Io rispondo di sì.

Angelica gli porta la cena in camera sua, e resta con lui fino a tardi. Talvolta giocano per un po', senza fare rumore, talvolta Ottaviano va subito a coricarsi, e la donna gli racconta una favola, sempre la stessa, che egli ascolta a occhi chiusi, scivolando nel sonno.

6 ottobre

Adele è morta alle quattro del pomeriggio. Il dottore e io abbiamo assistito impotenti alla sua breve agonia, mentre Angelica teneva il bambino in un'altra stanza, perché non si accorgesse di nulla.

È spirata quietamente, senza dire una parola. Io stesso, quando il medico si è congedato, le ho chiuso gli occhi. Con delicatezza ho disserrato le mani, che in un estremo sussulto si erano aggrappate all'orlo del lenzuolo, e le ho incrociate sul petto.

Sono rimasto a lungo accanto a lei. Un nodo d'angoscia mi stringeva la gola, e mi impediva di piangere. Ho osservato il volto immobile, l'esile figura che si disegnava sotto le coltri, le dita sottili, lievemente contratte, sul cui pallore risaltava il cerchio d'oro della fede nuziale, e mi sono chiesto chi fosse quella donna che per sette anni era vissuta al mio fianco. All'improvviso mi appariva estranea, quasi che la morte avesse illuminato di una luce cruda la solitudine in cui siamo tutti confinati.

Tante cose che credevamo parte del nostro essere muoiono prima di noi, tante cose ci vengono sottratte, e la vita si rivela un continuo dispendio, uno sperpero atroce di suoni, di immagini, di sentimenti, cui faticosamente tien dietro la nostra memoria, come chi amministri le fortune di un signore scapestrato, e prevedendo la bancarotta tenti di mettere in salvo qualche spicciolo.

Così avvolgo il corpo di Adele nel velo dei ricordi, per vincere la sua indifferenza, la sua lontananza quasi ostile.

Anche stasera i soldati percorrono i lati del cortile per spegnere i lumi, e l'ombra del prigioniero è apparsa alla finestra. Solo il pianoforte resta muto, sigillato, come uno scrigno di cui si sia smarrita la chiave.

20 ottobre

Fu la sera dopo il funerale che vidi per l'ultima volta l'ombra del prigioniero. Già da qualche tempo le pietanze che i soldati gli passavano attraverso la ruota tornavano indietro quasi intatte, ma soltanto quel giorno ne ero stato informato.

Accolsi la notizia con una leggera apprensione, che però venne meno quando scorsi la sagoma gigantesca proiettata suî vetri. Non portava, è vero, il violino sulla spalla, né rimase a lungo di fronte alla finestra, e tuttavia quella fugace apparizione bastò ad assicurarmi che era in piedi, e che non dovevo temere per la sua salute.

Dalla morte di Adele non ho più ritrovato la piena padronanza di me stesso; allora poi, in quei primi, terribili giorni in cui tentavo di riaccostarmi alla vita consueta, il ritmo di essa mi frastornava, non perché fosse agitato, ma al contrario, perché la sua scansione quieta e regolare e il desolato disordine del mio animo si opponevano come due grandezze incommensurabili, in un contrasto ora doloroso, ora grottesco.

Vivevo in una condizione anfibia, preda di un continuo stordimento, e mi occorse qualche tempo per avvedermi che l'ombra non era più comparsa alle finestre di fronte. Ma infine me ne avvidi, e come il dovere mi dettava scrissi al prigioniero per informarmi del suo stato e offrirgli, in caso di necessità, tutte le cure possibili.

Il biglietto tornò indietro ancora sigillato, insieme con la cena. Nulla era stato toccato: i piatti, i bicchieri, le posate, ogni cosa era rimasta nell'identica posizione in cui l'avevano collocata i soldati qualche ora prima.

Comandai che provassero a chiamarlo, dal cortile o attraverso l'uscio della prigione, ma non ottennero risposta. Qualcuno accostò l'orecchio alla serratura: dall'interno non si udiva il minimo rumore.

Infine presi le chiavi dalla cassaforte del mio ufficio, e scortato da due soldati attraversai le dodici stanze. Quando fummo dinanzi all'ultima porta ordinai agli uomini di togliere i sigilli, quindi infilai la chiave nella serratura e la feci scattare.

Entrammo. Provai a chiamare di nuovo, ma inutilmente. Ben presto mi accorsi che le stanze del prigioniero avevano la stessa disposizione delle nostre, tuttavia erano spoglie, disadorne. Mi rammentai del nostro quartiere come lo avevo veduto la prima sera, ma quando mi tornò alla mente il volto di Adele, e l'espressione smarrita con cui si era guardata intorno, non volli più ricordare, e mi avviai a passi rapidi per completare l'ispezione.

Lo trovammo nell'ultima camera. Giaceva su di una branda, già rigido, ed era un ometto assai piccolo, che gli anni avevano ulteriormente curvato e rinsecchito.

Non riesco a figurarmi i suoi lineamenti diversi da come

li vidi allora, fissati nell'immobilità della morte. Parevano incisi in una pietra ruvida, solcata da crepe profonde. Il tempo, scavando, aveva ormai liberato il loro disegno da tutto ciò che poteva smussarne l'angolosità, trasformando quel volto nella propria impietosa caricatura.

— È lui? È il gigante? — chiese una voce infantile alle mie spalle. Solo allora, volgendomi, mi accorsi della presenza di Ottaviano: doveva avermi seguito e, chissà come, era riuscito a introdursi nella stanza.

— Che fai qui?

— Sono venuto a vedere il gigante.

— Ora l'hai visto: torna a casa.

Non mi obbedì, né io ebbi cuore di mostrarmi severo. Era la prima volta, dalla scomparsa della madre, che manifestava interesse per qualcosa. Si diede a perlustrare ogni angolo: camminava in punta di piedi, non so se per rispetto al morto o per timore che questi lo sentisse.

— Guarda — esclamò ad un tratto — ho trovato la scimmia.

Vidi che stringeva il violino fra le piccole braccia.

— Posalo, Ottaviano. Rimettilo dove l'hai trovato.

— No. Voglio imparare a suonarlo.

— Se vuoi diventare violinista ti comprerò un altro strumento: questo non ci appartiene. — Ma il bambino non si decideva a posarlo; anzi, quando mi avvicinai per toglierglielo lo serrò al petto con tutte le sue forze, e mi fissò in silenzio, con uno sguardo che minacciava lacrime.

Il violino è ora nel nostro alloggio, e domani lo porteremo via con noi. Non abbiamo potuto riporlo in un baule, perché Ottaviano non vuole assolutamente separarsene, neppure durante il viaggio.

Mentre scrivo è nella sua camera, e mena colpi d'archetto sulle corde dello strumento, traendone rumori bizzarri, che con la musica hanno poco a che fare.

Il carro è già partito con i mobili, e le stanze sono fredde, quasi vuote. Angelica ci ha lasciato la cena, e un po' di dolce da mangiare a colazione.

Per tutto il giorno, sotto un cielo scuro, i soldati hanno

sistemato le micce. Io sorvegliavo i lavori, e talvolta, dal cortile, levavo gli occhi verso le nostre finestre. Ottaviano ci osservava attento, il viso premuto contro i vetri, e teneva stretto a sé il violino del prigioniero.

Domani accompagnerò la bara sino al cimitero del villaggio, dove è già stata scavata una fossa, non lontana da quella di Adele, per accogliere il piccolo uomo dall'ombra gigantesca. Poi tornerò a prendere mio figlio, e insieme, per l'ultima volta, varcheremo il portone del carcere.

Mi chiedo se per noi vi sia ancora una vita, se vi sia un mondo là fuori.

LETTERE A LUISA

Cara Luisa,

la mia piccola prigione è finalmente compiuta. Non sto a dirvi quanta pazienza e quali sforzi di abilità mi siano occorsi per costruire le dodici celle dalle pareti di carta, e ritagliare in ciascuna un'apertura sufficientemente grande da consentire al nostro ospite di passarvi. Ho coperto la prigione con un foglio trasparente: così egli non potrà fuggire, e io avrò modo di osservare tutti i suoi movimenti. Vi è inoltre una porticina, sempre di carta, che comunica con l'esterno, e che io solo posso aprire o chiudere. Come già avrete intuito, me ne servirò per far avere al prigioniero quanto è necessario al suo sostentamento.

Ma mi resta ancora da eseguire la parte più difficile del progetto, ossia la cattura, e la cosa, non ve lo nascondo, suscita in me una certa apprensione. Poiché, ne converrete, è assolutamente indispensabile prenderlo vivo. Osservo da parecchio tempo il suo comportamento, e lo so capace di mille astuzie. È in grado di arrampicarsi con una velocità straordinaria, e questo luogo, per giunta, non difetta certo di nascondigli.

Tuttavia non dispero di riuscire nell'impresa: in vita mia, come sapete, ho superato vittoriosamente difficoltà ben più ardue. O forse non lo sapete. Bisognerà che un giorno io mi decida a raccontarvi ogni cosa così come si è svolta, secondo verità, in modo da dissipare certi malintesi che potrebbero interporsi fra voi e me.

Non desidero altro che la vostra comprensione, e il vostro affetto.

Cara Luisa,

sono lieto di informarvi che il mio avversario si è dimostrato assai meno astuto di quanto supponessi. Fiducioso come un infante, ha abbandonato il soffitto per aggrapparsi con tutte le otto zampe alla punta del bastone che gli tendevo. Che ne dite? Avreste immaginato, da parte sua, una simile ingenuità?

Devo confessarvi che la facilità della cattura mi ha deluso profondamente: ricorderete quanto io ami il rischio, l'azzardo, e cimentarmi con le volontà contrarie degli uomini o del destino. Voi foste sempre un cimento per me, pur con la tenerezza che spesso mi avete dimostrato, e ancora lo siete. Per questo continuo a cercare la vostra comprensione, e soltanto la vostra. Cosa m'importa, ormai, del giudizio del mondo? E perché dovrei mentire? Persino il ragno, rinchiuso nella prigione di carta, ha cessato di tessere le sue tele d'inganni: rimane immobile, rassegnato, in attesa della fine. Se potesse parlare, non direbbe altro che la verità.

Ma la verità, cara amica, è quasi sempre noiosa, e così ho lasciato il nostro ospite alle sue malinconiche riflessioni per dedicarmi al violino.

Spero che non abbiate abbandonato la musica: lo considererei il peggiore dei tradimenti. Io suono tutte le sere, dopo cena, quando sono cessati i rumori nel cortile. Le mie note hanno bisogno del silenzio come i pesci dell'acqua, come io di voi. Per voi forse, cara Luisa, saprei ancora mentire.

Amica mia,

quest'oggi ho udito un gran trambusto nel cortile, e la sera, mentre stavo suonando, sono stato interrotto da qualcuno che bussava alla porta. Attraverso la ruota mi è pervenuto un biglietto, che ho letto a fatica, poiché la mia vista si va indebolendo ogni giorno di più. Potrei fare richiesta di essere esaminato da un oculista, che mi prescriva lenti adeguate, ma non voglio che qualcuno entri qui dentro. I primi tempi, tanti anni fa, lo desideravo ardentemente, e avrei accolto con gioia la visita di chiunque. Ora non più. E poi non varrebbe la pena d'inforcare un paio di occhiali per decifrare i futili messaggi che mi vengono recapitati: "Si informa il prigioniero... Da quest'oggi... Il nuovo comandante della fortezza...". S'illudono, con questo insensato avvicendarsi di uomini, di poter scandire il tempo anche per me, ma io non saprei più ritrovare i miei giorni sul loro calendario.

Ho imparato a servirmi di un vecchio colino di vimini per catturare le mosche. Apro le lunette, al mattino, per cambiare l'aria, e ve n'è sempre qualcuna che si insinua nelle stanze: da questa abbondanza della fauna, e da una certa mitezza del clima, deduco che debba essere primavera, aprile, o forse addirittura maggio.

Seguo con lo sguardo i volteggi dell'insetto, e attendo immobile che si posi da qualche parte. Allora piombo su di lui come un rapace e lo copro con il colino. Credo che neppure il nostro ospite saprebbe fare di meglio.

A cattura avvenuta apro la porticina di carta, e introduco la piccola vittima nelle stanze del prigioniero. Attraverso il foglio trasparente assisto al suo pasto feroce, e ogni volta penso a voi, Luisa, alla fede pura e infantile che sempre opponeste al mio scetticismo. Mi domando, scusate, se abbiate mai riflettuto a quanto sia mostruosa l'ipotesi di uno spettatore celeste che osservi di tra le nubi il dilaniarsi reciproco delle sue creature, impassibile, o forse vagamente incuriosito. Certo deve annoiarsi a morte, lassù, per contentarsi del misero diletto che simili spettacoli possono offrire. Così io, tediato dalla prigionia interminabile, osservo la piccola mosca scomparire fra le zampe del ragno, e voi certo inorridireste per il piacere che ne traggo, o almeno ne inorridirebbe la tenera fanciulla che un tempo conobbi.

Ma perché, Luisa, mi negate il perdono, se potete perdonare il vostro Dio?

Mia cara,

continuo a ricevere messaggi da quel nuovo comandante, benché gli abbia fatto capire chiaramente, rispondendo in maniera assai laconica al suo primo biglietto, che non ho alcuna intenzione di intrecciare una corrispondenza con lui. Sono talmente infastidito che ho deciso di non aprire più le lettere: aprirei solo le vostre, se infine vi degnaste di scrivermi.

Mi domando se saprei ancora riconoscere la vostra calligrafia, quella scrittura nitida e aggraziata che una volta mi era così familiare. Gli anni possono averla mutata, come hanno mutato la mia; tante cose sono accadute nel frattempo, tante immagini, forse troppe, sono trascorse davanti ai miei occhi. Prima il trionfo, poi la rovina, hanno scavato un abisso profondo che mi divide dal mio passato, e solo il ricordo di voi riesce ancora a valicarlo, come uno di quei lunghi ponti di liane che gli indiani d'America stendevano sopra i precipizi, ed erano fragili all'aspetto, ma saldi e sicuri per chi osasse poggiarvi il piede.

Anche voi, Luisa, dovreste osare, dovreste tentare di comprendere. Ieri ho udito una voce di donna che si levava nel cortile, acuta, dall'inflessione volgare. Strillava qualcosa a proposito di un certo "demonio", e ho capito che si riferiva alla mia persona.

Non crediate che la cosa mi dispiaccia: al contrario. Immagino che anche il ragno si sentirebbe sollevato se, dalla sua prigione di carta, potesse udire le voci dei piccoli insetti che ancora lo temono. Invece fagocita le sue mosche stancamente, senza entusiasmo, avvilito nel proprio orgoglio di predatore.

La prostrazione di quell'animale mi commuove a tal punto che ho deciso di catturare per lui un altro ragno. Dal loro incontro nascerebbe di sicuro un combattimento all'ultimo sangue, e non vi nascondo che la prospettiva di assistervi è per me assai eccitante. Mi sentirei un Cesare che contempla, arbitro assoluto di vita e di morte, la danza cruenta di una coppia di gladiatori.

Il guaio sarebbe se i due ragni fossero di sesso opposto, e in luogo di combattere scegliessero di prolificare. In tal caso credo che li libererei, in modo che andassero a godersi altrove la loro uggiosa felicità domestica.

Spero, dolce Luisa, che le mie inclinazioni non vi scandalizzino troppo. In fondo anche la musica è lotta, e un tempo vi piaceva duellare con il mio violino. Vi ricordo ancora come uno dei più degni avversari che mi sia stato dato di incontrare.

Carissima,

ormai da giorni sento battere la pioggia contro i vetri smerigliati delle finestre, e non posso aprire le lunette per timore di allagare le stanze. L'età avanzata non mi consente di espormi all'umidità.

Ho perlustrato tutti i muri della prigione, ma è impossibile trovarvi un solo ragno. Anche l'approvvigionamento delle mosche si sta facendo difficile, tuttavia la situazione non è ancora disperata, poiché ho avuto l'accortezza di conservarne una dozzina, vive, in un vaso di vetro. Ho sostituito il coperchio con un fazzoletto di batista, perché possano respirare, e vi ho praticato dei forellini attraverso i quali lascio cadere ogni tanto qualche briciola di pane. Grazie a tale precauzione siamo in grado di affrontare questo periodo di carestia, sorretti dalla speranza che torni il sereno prima che le nostre risorse siano del tutto esaurite.

Credo che quelle mosche, che giungono nella sua tana già mezze morte, risultino insipide al nostro ospite, come a me le più elaborate vivande che i soldati mi passano puntualmente, due volte al giorno, attraverso la ruota.

Mi trattano con premura, e, ciò che più conta, con assoluta discrezione. Nessuno è autorizzato a entrare nelle stanze ove sono confinato, e persino le mie finestre sono schermate, perché io non possa vedere nulla di ciò che accade all'esterno. L'isolamento totale, finché avrò vita, è la pena con cui devo scontare i miei misfatti, e credimi, Luisa, è una punizione assai meno dura di quanto non appaia. Ci si abitua, si trovano compagni fra gli insetti, oppure fra i fantasmi.

Certo, non si può immaginare nulla di più diverso dai nostri sogni di adolescenti. Ciò che io sognavo si è fatto in parte realtà, e gli altri uomini, specchiandosi nel mio sogno, vi hanno ravvisato i tratti deformi di un incubo. Tu sognavi un mondo a tua immagine, una sorta di paradiso, e io già allora sorridevo di tali illusioni, poiché sapevo che il paradiso non è realizzabile su questa terra. Dell'inferno invece, me lo devi concedere, sono state raggiunte eccellenti approssimazioni.

So, povero angelo, quanto questo cinismo vi offenda, e come vi affligga che un demonio par mio osi rivolgersi a voi in tono così confidenziale. Ma chissà che gli anni non abbiano strappato qualche penna alle vostre belle ali, o ne abbiano intorbidato il candore. Forse quelle macchie, quelle minuscole ferite che si sono aperte nella vostra carne là dove erano attaccate le piume, vi parlano anche di me, dell'angelo da sempre ribelle, da sempre caduto. Lentamente vi insegneranno a comprenderlo e a perdonare i suoi sogni funesti.

Mia Luisa,

scusate se vi ho trascurata per qualche giorno, ma mi è occorsa un'avventura straordinaria, che ha assorbito completamente la mia attenzione.

Definisco "avventura", e qualifico per giunta "straordinario", un evento al quale in altri tempi non avrei neppure badato. Dovete compatirmi: già vi spiegai che da decenni vivo in compagnia di fantasmi e di insetti, non raggiunto da altro suono che dalle grida rozze dei soldati, dal rumore degli zoccoli e delle ruote dei carri, e dalle melodie che io stesso eseguo sul violino.

Figuratevi dunque il mio stupore nell'udire all'improvviso, attraverso il cortile del carcere, la voce aliena di un pianoforte. Qualcuno suonava, chissà dove, un brano superficiale ma gradevole. Lo suonava né male né bene, anzi, piuttosto male che bene, in un modo che certo non aveva nulla a che fare con la vostra impareggiabile maestria; eppure quella musica mi ha colpito straordinariamente, e da allora tutti i giorni ne attendo con impazienza il ritorno attraverso le lunette della mia prigione, che lascio sempre aperte, approfittando del tepore estivo.

Mi chiedo di dove vengano quelle note, da quali mani. Credo che a suonare sia qualcuno della casa del nuovo comandante: egli stesso, forse, o più probabilmente la moglie o la figlia. C'è un che di lezioso nello stile, e una mancanza di intimo vigore, che fanno pensare a una donna. Non fraintendetemi, vi prego: parlo delle donne in generale, senza alcun riferimento alla vostra persona. Anche voi eravate leziosa, sotto molti aspetti, ma non quando sedevate al pianoforte.

Ascoltando quella musica mi tornano in mente certe signorine di buona famiglia che ai ricevimenti acconsentivano a "suonare qualcosa" per la gioia o il tormento dei convitati. Rammento ancora come mi divertivo a osservare la confusione che si impadroniva di loro al mio apparire nella sala: le dita si facevano all'improvviso incerte, titubanti. Talora quelle poverette si interrompevano addirittura, e fissavano lo spartito con aria ottusa, come se di colpo avessero disimparato a leggere le note. Se poi mi avvicinavo al pianoforte, un violento rossore si diffondeva sulle loro guance.

Forse anche la pianista misteriosa arrossirebbe se le comparissi d'innanzi, e non riuscirebbe a seguitare i suoi mediocri esercizi. Lo specchio, che guardo il meno possibile, mi restituisce l'immagine desolante di una testa canuta, di un volto devastato dal tempo, ma lo sguardo è intatto, e ancora vi riconosco l'antico, terribile me stesso. Anche voi, cara amica, lo riconoscereste, e forse, al suo cospetto, tornereste ad assumere quell'espressione che avevate sul volto quando vi vidi per l'ultima volta. Non arrossiste, ma nei vostri occhi si accese una luce che era insieme di pietà e di orrore. Fu al processo, ricordate, e voi vestivate di nero.

Luisa cara,

dovreste sentire come pigia sui tasti, quella musicista dilettante, costantemente, anche quando non ve ne sarebbe alcuna necessità. Le sue ariette, gli insipidi valzerini, sarebbero forse più tollerabili se eseguiti con tocco lieve, e con un certo distacco. Invece, a quanto pare, si sforza di infondervi accenti di disperata passione, la qual cosa, in brani del genere, di puro intrattenimento, produce un effetto addirittura grottesco.

Vi scrivo tutto questo per dimostrarvi che la prigionia non è bastata a farmi smarrire la lucidità mentale, né la capacità di discernimento. Ma dove il mio giudizio si ritrae disgustato, uno strano turbamento, una commozione inspiegabile assale un'altra parte di me: quella parte oscura, inaccessibile al raziocinio, che voi, avvezza come siete alle formule nebulose, chiamereste forse il mio cuore, o peggio ancora la mia anima. Nonostante l'irritazione non posso impedirmi di provare piacere ascoltando le note di quello strumento.

Mi sono chiesto per quale motivo ella suoni così forte, e sono giunto alla conclusione che voglia farsi udire da qualcuno. Ora, chi può mai essere questo qualcuno? Non certo uno dei familiari, poiché in tal caso un simile fracasso risulterebbe del tutto superfluo, ma piuttosto un essere lontano, che non abita nel suo alloggio. Avrete già indovinato la meta cui tende questo ragionamento: il qualcuno, l'essere lontano, non posso essere che io, è per me che la ragazza forza sì crudelmente i tasti del suo pianoforte.

Avrà udito parlare di me, è naturale, le avranno narrato le mie gesta. Più e più volte, scommetto, sin dall'infanzia, omettendo magari qualche dettaglio non adatto all'orecchio gentile di una signorina. Sa che vivo qui dentro, a pochi passi da lei, circonfuso ancora degli estremi bagliori dela mia gloria: come potrebbe resistere a una simile tentazione? Sicuramente mi ha udito suonare, e si illude, povera bambina, di corrispondere con me strapazzando in quel modo la tastiera.

Si illude e non si illude, poiché già vi ho confessato che la sua musica mi reca un certo diletto. E tuttavia, mia Luisa, cosa è mai tale diletto, se non un'ombra di quello sublime che un tempo, suonando insieme, voi e io sapevamo trarre l'uno dall'altra?

Cara fanciulla,

devo comunicarvi, purtroppo, una dolorosa notizia. Ieri, intorno alla mezzanotte, il nostro ospite si è spento, credo per cause naturali. L'ho trovato riverso sulla schiena, le otto zampe serrate intorno alla sua ultima preda, che non ha avuto il tempo di ingoiare.

Le esequie si terranno questa sera, in pompa solenne, e sebbene voi non possiate partecipare, vi prego almeno di indossare in sua memoria l'abito nero di cui si parlava, quello che vi vidi al processo. Ditemi, portavate il lutto per me? Lo so, ne sono certo, ma vorrei che me lo confermaste. E vorrei che mi confermaste che era proprio nero, e non già verde scuro, come talvolta mi appariva.

Il defunto compagno della mia solitudine giace ora in una scatoletta di legno. Sono rimasto un po' a osservarlo mentre il pianoforte suonava, in luogo della marcia funebre, le solite musichette.

Voi sapete, cara, che nel corso della mia esistenza ho conseguito una certa dimestichezza con la morte, soprattutto con quella altrui, ma anche con il pensiero della fine che mi attende inevitabile. Mi avete forse visto battere ciglio, voi che assistevate da una delle ultime file, quando su di me incombeva la minaccia della pena capitale? No, non battei ciglio, né allora né mai: in mezzo ai pericoli della vittoria e a quelli della sconfitta, osai sempre proclamarmi, di fronte al lugubre spettro, signore orgoglioso del mio destino.

Ma quel ragno morto nella prigione di carta, quel nero groviglio di arti irrigiditi, è più di quanto io riesca a sopportare. Al suo cospetto, per la prima volta, la morte mi appare come qualcosa di orribilmente futile, come qualcosa che non si può fronteggiare, perché non ha volto, non ha sguardo, è soltanto una mano cieca che colpisce goffamente, là dove capita.

Nessuno assisterà al mio funerale, fuorché qualche militare distratto, e tutto avverrà in fretta, e nel silenzio. Ma il mio violino, questa sera, intonerà per quel ragno morto il più dolce dei lamenti.

Cara amica,

non ho saputo resistere. L'altro giorno, prima dell'ora fissata per la cerimonia, ho chiuso la scatoletta di legno e l'ho legata con dello spago. Poi ho accostato una sedia a una delle finestre, vi sono salito, e sollevandomi più che potevo sulla punta dei piedi ho lanciato fuori la bara, attraverso la lunetta.

Mi sto consolando con un nuovo compagno. Questo è di una razza diversa, non è nero ma di una tinta giallastra, maculata, il suo corpo è più piccolo e le zampe più lunghe e sottili. Diversamente dall'altro, che quasi non si muoveva, corre con ansia febbrile da un angolo all'altro della prigione, cercando il varco per una fuga impossibile. Vedete quali enormi differenze di carattere si riscontrino persino fra gli esponenti delle specie inferiori!

Anche il suo modo di divorare le mosche rivela una strana irrequietudine. È avido, frettoloso, non faccio quasi in tempo a introdurre l'insetto che già è scomparso, avvolto nell'abbraccio del suo carnefice.

Tutto ciò costituisce una novità, e mi aiuta a occupare il tempo in maniera assai piacevole. Lo spettacolo della morte violenta ha in sé qualcosa di profondamente rassicurante, consente di scacciare per un attimo il pensiero dell'altra, di quella anonima, senza volto.

Comunque, questi sono i miei piccoli svaghi, gli unici, purtroppo, poiché da qualche tempo il pianoforte se ne rimane silenzioso. Certi rumori che ho udito mi inducono a supporre che vi siano ospiti in casa del comandante. È curioso, però, che nessuno chieda mai alla ragazza di "suonare qualcosa".

Li detesto tutti, dal primo all'ultimo. Di lontano mi

giunge l'eco delle loro conversazioni, sono sicuro che parlano di me. E di cos'altro potrebbero parlare?

Suono a lungo il violino, per coprire il brusio insopportabile delle loro voci, forse anche per disturbarli. Mi piacerebbe poter entrare là dentro, confondere con la mia presenza i padri e le madri, terrorizzare le fanciulle.

Voi, ricordo, sosteneste sempre il mio sguardo, e non mi riuscì mai di farvi interrompere mentre suonavate. E dire che siete così giovane, e così timida...

Luisa carissima,

le mie giornate si trascinano in un tedio infinito. Il tempo, come saprete, si allunga e si accorcia, e ogni volta in modo opposto ai nostri desideri, sicché non vi è istante che non ci paia trascorrere troppo lento, oppure troppo rapido. Se fossi in voi inoltrerei un reclamo in proposito a quel Signore lassù, sempre che siate ancora in buoni rapporti.

Il mio tempo si allunga, Luisa, si allunga smisuratamente. Gli istanti procedono con il passo svogliato di una tartaruga, e la mia nostalgia per il pianoforte cresce di giorno in giorno.

Accade a volte, dopo il pranzo, che nel carcere si faccia un silenzio totale, come se tutti dormissero. Allora prendo il violino, mi avvicino a una delle finestre schermate e incomincio a suonare, nella speranza di essere udito dalla pianista sconosciuta. Anche di notte, talora, suono per lei, quando dai vetri non mi giunge più il bagliore velato delle fiaccole che illuminano il cortile.

È una sorta di richiamo che le lancio attraverso lo stretto spiraglio della lunetta, o meglio, una ragnatela che vado tessendo per catturarla. Chissà che non riesca a persuaderla a tornare a occuparsi un po' del suo strumento, e magari a farle capire che esiste al mondo una musica migliore di quella cui è abituata.

Mi dedico a questo progetto con la sconfinata pazienza di chi non ha altro da fare.

Mia cara,

la piccola mosca leziosa è infine caduta nella rete: ieri sera, dopo il lungo silenzio, ha ripreso a suonare, e le note che uscivano dal pianoforte non erano più la sua musica, ma la mia.

Eseguivo, per attirarla, una melodia lenta e suadente, la più lenta e suadente che io conosca. Sì, Luisa, era proprio quell'adagio, l'adagio della sonata che amavamo sopra ogni altra. Lo eseguivo, devo riconoscerlo, in maniera un poco scolastica, non già perché io abbia smarrito la mia abilità di virtuoso, ma per farmi intendere più chiaramente dalla fanciulla.

E infatti, dopo qualche tempo, ha iniziato a rispondermi.

Le sue dita si muovevano timide, insicure, e spesso sembrava che faticasse a seguire lo spartito, ma come vi ho detto io ho pazienza, una pazienza sconfinata, e seguiterò a ripetere il brano tutte le sere, finché la mia compagna non abbia imparato a suonarlo in modo accettabile.

Dico "la mia compagna", e quasi mi vergogno di queste parole, poiché so bene che tale appellativo spetta a voi, e a voi soltanto. Costei non sarà mai in grado di eguagliare le vostre squisite interpretazioni, né mai, fra lei e me, si potrà stabilire quell'intesa profonda che faceva dei nostri strumenti l'eco duplice di un'unica voce.

Ma compatitemi, io devo accontentarmi di ciò che trovo, ed è già molto, per me, avere finalmente qualcuno con cui suonare. Siete gelosa, per caso? Ah Luisa, me lo auguro con tutto il cuore.

Dolce amica,

la mia allieva comincia a fare qualche progresso, pur mantenendosi mille miglia lontana dalla perfezione. Adesso vi è una certa delicatezza nel modo in cui esegue l'adagio, e voi stessa, forse, potreste ascoltarla senza troppo fastidio.

Vedrete, a poco a poco riuscirò ad apprenderle il mio linguaggio, il nostro linguaggio. Lentamente la sto trascinando verso regioni sconosciute: è finito per sempre, ormai, il tempo degli ingenui diletti, delle melodie zuccherose. Credo che se anche volesse non potrebbe farvi ritorno.

All'improvviso, giocando con la mia nuova preda, mi ritrovo nelle vesti per me più inconsuete: quelle del filantropo. Poiché, dovete ammetterlo, è stato un vero e proprio atto di misericordia strappare quell'ignota creatura alla sua compìta barbarie per sollevarla con me sino alle sfere dell'arte.

Insomma, cara Luisa, ormai dovrete trattarmi con tutti gli onori che spettano a un ragno in odore di santità.

Carissima,

la ragazza comincia a ripagare i miei sforzi con qualche lieta sorpresa. Già non sembra più la stessa: le tracce di quell'insopportabile dilettantismo che all'inizio affliggeva le sue esecuzioni stanno scomparendo velocemente, e pian piano, dal tocco delle dita, affiora una sensibilità nuova, più raffinata, che a volte mi ricorda la vostra.

Questo per quanto riguarda l'adagio. Con il primo movimento, invece, siamo appena agli inizi, e io devo tentare di dimenticarvi se voglio essere indulgente. Tuttavia la sua interpretazione è già discreta, e noto con piacere che la capacità di imparare si è sviluppata in lei straordinariamente, e in brevissimo tempo. Se voi non mi aveste viziato, forse sarei del tutto soddisfatto.

Amica mia,

mi accorgo che ultimamente non vi ho più dato notizie del ragno, ma non dovete farmi il torto di credere che la mia nuova missione pedagogica mi induca a trascurare i doveri dell'ospitalità. Trascorro lunghe ore a cacciare gli insetti, soprattutto di mattina, sia perché mi pare che la preda si presenti allora più copiosa, sia perché la musica, ne converrete, non è certo cosa da affrontarsi prima di pranzo.

Il clima è caldo, il cielo è sereno, ma ho l'impressione che tutto questo duri ormai da molto tempo, forse da mesi; i raggi obliqui del sole che riscaldano le mie stanze filtrando dalle lunette si ritirano sempre più presto, lasciandomi in balìa di una vaga penombra. Temo che l'estate volgerà presto alla fine, e con essa la stagione delle mosche.

Il nostro amico non sembra affatto allarmato, seguita a consumare i pasti con la consueta voracità, quasi avesse affidato il proprio destino alle mani benevole di una speciale provvidenza, che gli garantisse cibo in abbondanza fino al termine dei suoi giorni. E chissà che non sia proprio così.

Come forse rammenterete, io non ebbi mai una grande inclinazione per gli studi, e le tormentate vicende della mia esistenza me ne hanno distolto completamente. Adesso però vorrei essere un entomologo, e sapere se i ragni sopravvivono alle prime avvisaglie dell'inverno.

Luisa cara,

dopo aver superato felicemente gli ostacoli del primo movimento, la fanciulla si è impadronita dello scherzo e del rondò con una rapidità addirittura sbalorditiva. Ormai siamo in grado di eseguire la sonata in tutta tranquillità, dal principio alla fine. Certo, qua e là vi è ancora qualche difetto, ma voi ricorderete quanto sia complessa quella partitura. In linea di massima posso dirmi orgoglioso della mia allieva. È assai ricettiva, riesce a supplire alle carenze della propria formazione con un istinto musicale che non credevo possedesse. Si risveglia gradualmente, questo istinto, grazie alle mie arti maieutiche, e immagino che lei ne sia sorpresa al pari di me.

Le ragnatele, dolce amica, sono intessute del più impalpabile fra gli elementi, eppure sanno avvincere la preda, e la sanno trattenere. Così io con un filo invisibile ho legato alle mie mani le mani di lei, il suo volere al mio. Io la conduco, ella mi segue. Lentamente, senza bisogno di parole, le insegno a rispondere con esattezza a ogni mia richiesta, a domandare con esattezza là dove voglio rispondere, e talora mi sembra quasi di esser tornato ai tempi felici quando voi e io tenevamo insieme siffatti colloqui.

Mio Dio, Luisa, come vi somiglia! Quando eseguiamo la nostra sonata non so immaginarla che bionda, e vestita di nero. E sempre mi guarda con quell'espressione ambigua, dolorosa, e siede lontana, in fondo all'aula.

Non ho mai dubitato che foste voi, laggiù, a guardarmi in quel modo, mentre io stavo sul banco degli imputati. Non ne ho mai dubitato, sebbene la mia vista, già allora, fosse leggermente indebolita. Vi somigliava troppo per poter essere un'altra. Chi, se non voi, avrebbe osato fissarmi tanto a lungo, e dritto negli occhi?

Ma se proprio in quel momento le guardie non mi avessero condotto fuori dell'aula, sono certo che anche voi avreste abbassato lo sguardo, così come la pianista sconosciuta si è fatta remissiva, docile al mio volere. Si addentra, seguendo le mie orme, nei labirinti più insidiosi della musica, in quegli oscuri paradisi che un tempo furono il nostro regno.

Mi chiedo a volte come abbiate potuto attraversarli serbando intatto tutto il vostro candore. Nessun'ombra, neppure allora, offuscava il risplendere delle vostre ali. Io spalancavo abissi sotto i vostri piedi, e voi vi volteggiavate sopra, ignara e sicura.

Foste per me una compagna esasperante, soprattutto allora, quando suonavamo insieme ed eravamo come fratello e sorella, come sposo e sposa.

Anche quest'altra, forse, mi esaspererebbe, se non fossi intenerito dal ricordo di voi. La tenerezza è un lusso che ormai posso concedermi, ma con misura: dosi troppo elevate mi avvelenerebbero. Perciò a volte vorrei scacciare il vostro ricordo, vorrei che mi lasciaste un poco alla mia solitudine.

Cara Luisa,

quella ragazza mi spaventa. C'è qualcosa, nel suo modo di suonare, che mi spaventa. La dolcezza travolgente, la straordinaria somiglianza... Credo che un tale sgomento infonda nell'animo la gioia, quando si avvicina, e io non so se devo resistere o abbandonarmi.

Vi prego, Luisa, abbiate pietà.

Angelo mio,

questa sera, quando hai cominciato a suonare per prima, con quel tocco così leggero, mi pareva che tu spalancassi dinanzi a me i cancelli del mio passato più felice.

Piccolo angelo, le tue ali bianche sono gemelle delle mie ali scure, la tua innocenza mi appartiene, e a te la mia crudeltà.

Non ho mai dubitato che fossimo le due metà della stessa cosa, che la mano che colpisce e la carne che riceve il colpo fossero la stessa cosa. Mia Luisa, solleva gli occhi dal pianoforte, e guarda con quanta dolcezza il ragno stringe le zampe intorno al corpo della mosca. Non lo senti anche tu, che tutto è giusto?

Tutto è giusto, mia fanciulla, tutto è redento, e ogni cosa nel proprio contrario ritrova se stessa. Non ne ho mai dubitato, non ho mai dubitato che fossi tu, seduta laggiù in fondo, nell'aula del tribunale. Tu vestita di nero, tu con le ali bianche. Di che altro parlano il pianoforte e il violino, se non di questo mistero e del suo duplice volto?

Di che altro parlavano allora, quando noi ancora non comprendevamo, e ci credevamo lontani? Quando il fratello non riconosceva la sorella, e la sposa si negava allo sposo?

Guarda: la piccola mosca è scomparsa nell'abbraccio del ragno.

Amata fanciulla,

non so più chi guida e chi è guidato. I nostri suoni si fondono, si confondono, e ieri sera il cielo ha acceso tutte le luminarie per celebrare solennemente la nostra unione.

Ti ha disturbato, forse, il guizzare dei lampi? Hai forse avuto timore del sordo boato dei tuoni? Ma no, percorrevi sicura il nostro giardino di note, svolazzavi, piccolo insetto alato, sopra l'abisso che è il tuo e il mio, che è la mia crudeltà e la tua innocenza.

Guarda, gemella, come ogni cosa si fonde con ogni altra, come ciascuna guida e ciascuna si lascia guidare.

Angelo bello,

dopo questi lunghi giorni di silenzio già disperavo di udire ancora la tua voce. Sia grazie a te, e all'aria fredda della sera, che me l'ha riportata.

Eppure in quel suono vi è qualcosa di diverso, di stranamente remoto. Il tuo sguardo, di sotto la veletta leggera, mi fissava, e insieme pareva sottrarsi.

Angelo, perché non mi rispondi più? Ti prego, dimmi qualcosa con quella tua voce liquida, una frase d'amore sui tuoi tasti bianchi e neri. Voglio continuare a specchiarmi in te.

Dolce Luisa,

il violino è stanco di suonare da solo, e il ragno divora le sue mosche con scarso appetito. Perché questo silenzio? Perché mi abbandoni adesso, dopo avermi guidato sull'orlo dell'ultimo abisso?

Signora,

vi scrivo di nuovo, dopo tanto tempo, per informarvi delle mie condizioni di salute.

Sono troppo debole per suonare, e da quando voi mi avete abbandonato non trovo alcun diletto nel violino. I soldati continuano a importunarmi passandomi due volte al giorno, attraverso la ruota, enormi vassoi pieni di mosche. Ne mangio ancora qualcuna, ogni tanto, ma con scarso appetito. Non ho più neppure la forza di correre da un angolo all'altro della prigione di carta per cercare l'uscita.

Giaccio sul dorso, quasi sempre, con le zampe in aria, e disteso nella mia branda vi scrivo adesso quest'ultima lettera.

Farò lo sforzo di alzarmi per andare a riporla nel cassetto, insieme con tutte le altre. Chissà, forse dopo la mia morte qualcuno ve le farà recapitare, ammesso che riescano a rintracciarvi, e che non abbiate ancora lasciato questo mondo per raggiungere la dimora celeste cui un tempo aspiravate. Là certo non avrete mai l'opportunità di incontrarmi, e perciò vi dico addio, mia metà crudele e innocente, eternamente divisa.

INDICE

Stampa Grafica Sipiel
Milano, febbraio 1994